沿着习近平总书记的足迹看脱贫攻坚

小康路上 一个不能少

［精准扶贫案例］

中央党校经济学部

曹立 石霞 ◎ 主编

人民出版社

目　录
Contents

中国特色扶贫开发道路的丰富与发展

（代 序）

　　党的十八大以来，以习近平同志为核心的党中央，以高度的责任感把精准扶贫、精准脱贫作为实现第一个百年奋斗目标的重点工作，摆在治国理政的重要位置，把我们党领导的反贫困实践推进到一个新境界。习近平总书记亲自研究、亲自部署、亲自推进、亲自督战，对扶贫开发提出了一系列新思想新观点，涵盖了制度本质、任务定位、制度优势、实策要求等多个方面，是党中央治国理政新理念新思想新战略的重要组成部分，是中国特色扶贫开发理论的新发展，为打赢脱贫攻坚战提供了根本遵循。

一、精准扶贫精准脱贫提出的时代背景

提出精准扶贫、精准脱贫有着深刻的时代背景。从国内看，农村贫困人口全部脱贫是全面建成小康社会的底线任务，贫困问题的新特征、新变化需要更有效的解决办法。从国际看，顺应全球减贫发展趋势及全球 2030 年可持续发展议程，中国需要积极响应，继续为全球减贫事业，为人类社会发展作出更大贡献。

中国一直是世界减贫事业的积极倡导者和有力推动者。改革开放近 40 年来，使 7 亿多人摆脱了贫困，对世界减贫的贡献率超过70%，走出了一条中国特色的减贫道路。但是，由于历史、自然条件等多方面原因，到 2014 年，全国还有 592 个国家扶贫开发重点县、12.8 万个贫困村、近 3000 万个贫困户。更为严峻的是这些贫困人口主要分布在革命老区、民族地区、边疆地区和连片特困地区，基础条件差，开发成本高，脱贫难度相当大。脱贫攻坚成为全面建成小康社会最艰巨的任务。正如习近平总书记指出的，"小康不小康，关键看老乡，关键在贫困的老乡能不能脱贫"。

实施精准扶贫、精准脱贫就是要把消除贫困作为首要政治责任，把改善民生作为重大政治任务。精准扶贫、精准脱贫体现了社会主义的本质要求，彰显了以人民为中心的价值取向。作为世界上人口最多的发展中国家，在"十三五"的五年中将现行标准下的贫困人口全部脱贫，必将使全体中国人民更加坚定中国特色社会主义的道路自信、理论自信、制度自信、文化自信。

二、精准扶贫精准脱贫的科学内涵

"精准扶贫"重要思想最早是在 2013 年 11 月,习近平总书记到湖南湘西考察时首次提出的。2015 年 10 月 16 日,习近平总书记在 2015 减贫与发展高层论坛上宣告,中国将发挥政治优势和制度优势,全面实施精准扶贫精准脱贫方略。并倡议加强国际减贫交流合作,共建一个没有贫困、共同发展的人类命运共同体。2017 年以来,随着脱贫攻坚战深入推进,习近平总书记进一步指出,在扶持谁、谁来扶、怎么扶、如何退,全过程都要精准,有的需要下一番"绣花"功夫。

精准扶贫精准脱贫,贵在精准,重在精准,成败之举在于精准。瞄准特困地区、特困群众、特困家庭,扶到点上、扶到根上、扶到家庭。要做到"六个精准"(扶持对象精准、项目安排精准、资金使用精准、措施到户精准、因村派人精准、脱贫成效精准);实施"五个一批"工程(发展生产脱贫一批,易地搬迁脱贫一批,生态补偿脱贫一批,发展教育脱贫一批,社会保障兜底一批)。其中,"六个精准"是精准扶贫精准脱贫的主要内容和基本要求,"五个一批"是精准扶贫精准脱贫的基本思路和实现途径。

精准扶贫精准脱贫是一项系统工程,对象精准是前提和基础,项目、资金、措施、派人精准是措施和手段,成效精准是目标和落脚点。通过建档立卡,摸清贫困人口底数,实行动态调整;通过政策举措,国家出台财政、土地、金融等一系列超常规的政策,打出组合拳,因村因户因人施策;通过构建科学的体制机制,保障扶贫政策和措施落地生根。

三、精准扶贫精准脱贫的基本方略

在习近平总书记精准扶贫、精准脱贫重要思想的指引下，中央和地方已经形成系统的脱贫攻坚基本方略。

明确目标任务。"十三五"脱贫攻坚的总体目标是到 2020 年确保我国现行标准下农村贫困人口全部脱贫，贫困县全部摘帽，解决区域性整体贫困。从国际比较来看，世界银行采用的极端贫困标准是每人每天消费低于 1.9 美元（2011 年国际购买力平价）。我国农村扶贫标准，按 2010 年不变价计算为 2300 元，按照农村购买力平价转换系数 3.04 折算，2011 年 2536 元扶贫标准相当于每人每天 2.29 美元（2536÷365÷3.04＝2.29），高于世界银行极端贫困标准。这个目标符合我国国情和发展阶段。

激发内生动力。精准扶贫、精准脱贫要坚持人民群众的主体地位，通过提高自我发展能力来推动扶贫。脱贫致富贵在立志，只要有志气、有信心，就没有迈不过去的坎。推进精准扶贫，要发挥贫困群众的主体作用，提高他们的知情权、参与度、获得感，激发脱贫的内生动力与活力。

科学的方法论。精准扶贫要有好思路、好路子，要坚持科学扶贫，遵循经济发展规律、社会发展规律和自然规律推进扶贫开发。把脱贫与发展基本公共服务结合起来，把扶贫开发与生态环境保护结合起来。

动员社会力量。扶贫开发是全党全社会的共同责任，要动员凝聚全社会力量广泛参与，构建政府、市场、社会协同推进的大扶贫格局。进一步动员东部地区对西部的帮扶力度，鼓励、支持各类非公有制企业、社会组织以及个人积极参与扶贫，形成脱贫攻坚的强大合力。

强化组织领导。精准扶贫要发挥政治优势和制度优势。凝心聚力、合力攻坚，集中力量办大事，既是我们党的政治优势，也是决战精准扶贫的现实需要。进一步发挥各级党组织的领导核心作用，列出时间表，立下军令状，打好攻坚战。

四、精准扶贫精准脱贫的实践效果

在党中央的坚强领导下，脱贫攻坚责任体系、政策体系、投入体系等四梁八柱性质的顶层设计基本完成。《中共中央国务院关于打赢脱贫攻坚战的决定》发布，成为指导脱贫攻坚的纲领性文件。国务院印发《"十三五"脱贫攻坚规划》，中央和国家机关各部门出台了118个政策文件或实施方案。全国各地相继出台和完善"1+N"的脱贫攻坚举措。

在实践中，各种扶贫模式不断涌现，产业扶贫、易地搬迁扶贫、教育扶贫、健康扶贫、资产收益扶贫等扶贫方式，成效显著。2013年至2016年，农村贫困人口每年都减少超过1000万人，累计脱贫5564万人；贫困发生率从2012年底的10.2%下降到2016年底的4.5%，下降5.7个百分点；贫困群众生活水平明显提高。

脱贫攻坚所取得的成就彰显了中国的政治优势和制度优势，是对中国特色扶贫开发道路的丰富和发展，是扶贫实践的中国智慧。正如习近平总书记指出的："在实践中，我们形成了不少有益经验，概括起来主要是加强领导是根本、把握精准是要义、增加投入是保障、各方参与是合力、群众参与是基础。"未来3年，我国还将有

4335 万人脱贫，脱贫攻坚任务十分艰巨，必须以习近平总书记精准扶贫精准脱贫战略思想为指导，在脱贫攻坚的伟大实践中，撸起袖子加油干！

曹 立

2017 年 7 月 1 日

1

综合施策精准扶贫
——陕西省延安市延川县精准扶贫案例

2015年10月16日，习近平总书记在2015减贫与发展高层论坛上宣告：中国将发挥政治优势和制度优势，全面实施精准扶贫精准脱贫方略。未来5年，我们将使中国现有标准下7000多万贫困人口全部脱贫。"全面小康是全体中国人民的小康，不能出现有人掉队。"

习近平总书记深情地说："回顾中国几十年来减贫事业的历程，我有着深刻的切身体会。上个世纪60年代末，我还不到16岁，就从北京来到了陕北一个小村庄当农民，一干就是7年。那时，中国农村的贫困状况给我留下了刻骨铭心的记忆。我当时和村民们辛苦劳作，目的就是要让生活能够好一些，但这在当年几乎比登天还难。"

▶ 梁家河村史馆

习近平总书记曾在延安市延川县文安驿镇梁家河村插队。延安是革命老区，那里的人民为中国革命作出了巨大贡献。但是由于自然和历史的原因，经济社会发展缓慢，长期处在欠发达状态，扶贫减贫任务重。习近平总书记在梁家河村插队7年，当了两年大队党支部书记，曾带领乡亲们打井，修坝，建沼气池，改善生产生活条件，与贫困作斗争。他深情地回忆："多年来，我一直在跟扶贫打交道，其实我就是从贫困窝子里走出来的。1969年初，我到延安农村插队当农民，还不到16岁。从北京一下子到那么穷的一个地方，感受确实很深。""当时，要饭现象是普遍的，有的大队还给出去要饭开证明。这些现象让我心里大为触动，感觉农民怎么这么苦啊。"2015年2月13日，习近平总书记当天上午从北京飞赴延安，他一下飞机就前往自己当年插队的延川县梁家河村看望慰问父老乡亲，并就老区脱贫致富进行实地调研。4个多小时的看望调研活动结束后，2月13日下午，他马不停蹄赶回延安市，在延安干部学院主持召开陕甘宁革命老区脱贫致富座谈会，当年陕甘宁革命老区所属范围的市县领导人一起开会，同来自陕西、甘肃、宁夏的24位市县委书记一起，共商革命老区脱贫致富奔小康的大计，吹响了陕甘宁革命老区精准扶贫、精准脱贫的冲锋号。

基本做法

延川县位于陕西省北部、延安市东北部、黄河西岸土石山区。境内沟壑纵横，土地贫瘠，自然条件较差，干旱、洪涝等自然灾害频发，经济社会发展水平较低，是陕甘宁革命老区振兴规划重点扶持县、新一轮国家扶贫开发工作重点县。全县辖7个镇、1个街道办、1个社管中心、163个行政村，总土地面积1985平方公里，耕地45.6

万亩。2016 年末，全县户籍人口 19.2 万人，其中农业人口 13.5 万人。"十一五"末全县有贫困人口 1.58 万户 5.18 万人，贫困发生率为 38.3%。"十二五"以来，经过坚持不懈的努力，全县贫困面逐年缩小，六年累计脱贫 1.49 万户 4.78 万人。目前全县共有建档立卡贫困户 8465 户 24528 人，其中 2017 年在册贫困户 4322 户 12455 人。

一、制定差异化的帮扶措施，因人施策

2016 年以来，按照"一村一策、一户一法"的工作思路，制定了差异化的帮扶措施，有效地解决了"怎么扶"的问题。具体帮扶措施分为十二类：

一是移民搬迁脱贫了一批。坚持群众自愿、积极稳妥的原则，对基本上不具备脱贫条件的贫困人口，因地制宜实施移民搬迁脱贫。2016—2017 年一次性规划落实 13 个移民搬迁安置点，投资 9.2 亿元，搬迁 3060 户 11393 人。截至 6 月初，永坪镇南坪小区、明珠小区，文安驿镇三期 8 号、9 号楼已完成主体建设工程，预计 10 月竣工入住，其他各镇街实施项目也全部启动。2016 年省市下达延川县 1000 户贫困户危房改造项目，目前已验收 910 户，6 月 15 日前全部验收完成。2017 年，全县共申报贫困户危房改造 645 户，目前已开工实施 152 户，预计 9 月底全部实施完成。

二是产业帮扶脱贫了一批。按照"中西部苹果、东部红枣、川道大棚、沟道养殖"的产业布局，对贫困户实施了"四个一"工程，即贫困户户均一座大棚、人均一亩枣（果）园、人均一亩中药材、人均一头大家畜。累计下拨产业帮扶资金 4654 万元，发展苹果种植 20 万亩、红枣种植 20 万亩、大棚 8471 座、养殖大户 46 户，"枣果棚畜"收入已占到农民收入的 60% 以上。

▶ 延川县土岗乡会峰寨

三是技能培训脱贫了一批。县扶贫办、农广校、枣业局、果业局、就业局、蔬菜站先后投资 300 万元，实施免费"菜单式"技能技术培训，培训包括贫困户在内的群众 23000 人次。

四是教育扶持脱贫了一批。2016 年以来，延川县投资 597 万元，救助贫困家庭在园幼儿 1400 名（105 万元）、寄宿制小学生 300 名（30 万元），初中生 1000 名（120 万元）、高中生 900 名（180 万元）、应届大学本科生 241 名（120.5 万元），高职生 122 名（36.6 万元）。

五是医疗扶持脱贫了一批。财政投资 148.5 万元，由县人社局负责，对 2.07 万名贫困人口参加新型农村合作医疗个人缴费部分给予财政补贴；由卫计局、民政局负责，从 2016 年以来，共投资 230 万元，对 938 名贫困家庭慢性病患者在县内实施"零"消费就医治疗政策。

六是文化旅游脱贫了一批。各景区为贫困户提供保洁、保安、清

运等岗位 300 余个，同时对在景区内开办商店的贫困户，免除一切费用，带动脱贫 1200 余人。扶持发展农家乐、民宿旅游 102 户，吸纳贫困人口就业 1800 人，辐射

▶ 技术员指导修建枣树

带动景区周边 300 多户贫困户从事运输、蔬菜瓜果生产、汽车修理等工作，旅游扶贫初见成效。

七是金融扶持脱贫了一批。计划财政融资 4000 万元担保基金，撬动银行 2.5 亿元贷款额度，支持有劳动能力的贫困家庭、合作社、未就业大学生、企业、产业大户等增产增收，截至 2017 年已落实担保基金 1000 万元，已发放 78 户 257 万元。

八是结对扶志帮扶脱贫了一批。结对帮扶先后争取帮扶资金 2100 万元，捐款捐物合计 163 万元，受益贫困群众 5342 户 14524 人。

九是企业、大户带动脱贫了一批。企业、产业大户、专业合作社、党员先后带动贫困户 815 户 2200 人实现了脱贫目标。

十是光伏、电商脱贫了一批。延川县建成 0.7 兆瓦的梁家河大唐光伏扶贫项目，受益贫困户达 40 户，户均收入 3000 元，正在建设延水关镇贯头村 15 兆瓦，大禹街道办石臼塬 19.8 兆瓦，覆盖贫困户 1400 户。与京东成功合作，京东在延川县成功招聘 200 名贫困家庭成员就业。

十一是生态保护脱贫了一批。在过去的 163 个生态护林员的基础上，又争取了 346 个，达到了 509 个，过去的 163 人是每人每年补助 1 万元，新增的 346 人是每人每年 8000 元。

十二是兜底保障脱贫了一批。2016 年延川县有 1296 户 2611 人，按照年人均收入 3015 元的标准，实施了社会兜底保障脱贫。

二、完善制度体系，全方位推进精准扶贫

一是领会习近平总书记扶贫精神，提高政治站位。先后 4 次召开常委扩大会议，专题传达学习了总书记重要讲话精神和中央省市相关会议、文件精神，研究部署当前脱贫攻坚工作；坚持每周召开 1 次脱贫攻坚指挥部会议，研究解决工作中遇到的矛盾问题；分别召开了县、镇两级专题民主生活会，开展批评与自我批评，制定整改落实措施；先后举办了镇街业务干部、第一书记、村党支部书记专题培训班，切实让一线干部真正成为政策"明白人"。通过学习教育，彻底解决了认识问题，进一步凝聚起了齐心协力打赢脱贫攻坚战的工作合力。

二是能责匹配，夯实帮扶基础。延川县在稳定县级领导包镇包村、镇领导班子包片包村、部门单位包村的基础上，推

▶ 宣传标语

动优质资源下沉，建立起了包扶能力与包扶难度相匹配的"54321"干部包户机制，即：四套班子主要领导帮扶包扶村的所有贫困户，其他县级领导在各自包扶村包扶5户；部门单位主要负责人包扶4户，正科级干部包扶3户，副科级干部包扶2户，其他干部包扶1户，实现了贫困户包扶全覆盖。同时，延川县严格实行"两个一"工作机制，要求乡镇党委书记每年到所辖支部讲一次党课、参加一次组织生活扩大会，研究产业脱贫与发展集体经济工作；要求第一书记每月到贫困户家中走访一次，每季度到所有村民家中走访一次，了解村情民意，解决问题矛盾。

三是改革创新，攻克脱贫难题。针对脱贫攻坚中的一些关键性、老大难问题，实施了一系列改革措施，出台了多项具有突破性的政策，取得了较好成效。在产业扶贫方面，延川县确定了"沿黄红枣、台塬苹果、川道大棚、沟道养殖"的全县农业产业总体布局和贫困户户均一座棚或人均一亩园、一亩药、一头大家畜的"四个一"产业保障目标。县财政按照每年每名贫困人口补助2000元的标准安排产业扶持资金下拨至乡镇统筹安排，并建立起了覆盖全县的金融扶贫体系，重点在推动农业供给侧改革、农村产权制度改革、培育新型农业主体、"旅游＋扶贫"、大众创业等方面着力，同步推进了精准脱贫工作与县域经济转型发展。延川县针对贫困户特殊政策引发部分非贫困户不满的实际，出台了加快推进脱贫攻坚农业产业"一村一品、一乡一业"发展的扶持政策措施，加强了对非贫困户积极发展农业产业的扶持，有效减少了农村社会矛盾，提高了广大群众对扶贫工作的满意度。在健康扶贫方面，延川县在对贫困户全面落实新型农村合作医疗、大病保险、民政医疗救助政策的同时，制定了《延川县农村贫困人口慢性病医疗救助实施办法》，对所有患有慢性病的建档立卡贫困人口实行县内门诊、住院治疗全免费，县外门诊、住院治疗提高报销比例的办法进行救助。成立了延川县精准脱贫医疗保障服务中心，实行"一厅式办公，一站式服务，一条龙办理"的服务模式，解决群众医疗费用报销问题。

四是加强领导，健全工作体系。为加强对脱贫攻坚工作的组织领导，延川县在脱贫攻坚领导小组下设了1个综合办公室和14个专业脱贫工作办公室，集各方力量和优势，推进脱贫攻坚；成立了由县委书记任总指挥、副书记任办公室主任的脱贫攻坚指挥部，指挥部下设脱贫攻坚督查办公室、宣传办公室、举报纠错办公室，分别负责对脱贫攻坚工作进行督察检查、精准扶贫相关政策及经验的宣传和群众举报问题的查处。为确保延川县脱贫攻坚工作经得起检查评估、经得起历史检验，延川县组建了脱贫攻坚专项巡察组，对各镇街每个阶段的脱贫攻坚工作开展逐村逐户的巡查，对巡查中发现的问题，"一事一议"立即纠正解决，发现普遍问题，集中限期整治，发现违规违纪问题，依规以纪严肃处理。

专家点评

延川县是习近平总书记曾经插队的地方，对于脱贫攻坚，更多一份责任和压力。在精准扶贫、精准脱贫的实践中，学习领会总书记扶贫精神，提高政治站位。按照"一村一策、一户一法"的工作思路，精准制定脱贫措施，有效解决了"怎么扶"的问题。结合县情实际，进一步完善帮扶政策，制定了12类差异化的帮扶措施。用真办法、实举措、硬功夫来推进扶贫工作。延川精准扶贫的做法在以下两方面值得肯定，当然也需要进一步完善。

一是坚持产业发展带动精准脱贫。2016 年 4 月，习近平总书记在安徽调研时强调，产业扶贫至关重要，产业要适应发展需要，因地制宜、创新完善。产业是一个地区经济发展的重要基础和有力支撑，产业兴则经济兴，产业强则经济强。因此，只有产业真正发展起来，才能彻底拔掉"穷根"，实现稳定脱贫并最终走向致富。延川县推进"中西部苹果、东部红枣、川道大棚、沟道养殖"的产业布局，通过产业带动脱贫是个好路子。

但是，产业要做大做强，真正成为脱贫致富的实现途径，不能停留在简单的农产品种植和单一产品的开发上，必须用能够链接各类生产要素和扩大生产规模、扩大产品种类和延伸生产链、产品链的方式来实现产业开发建设。延川县的产业扶贫下一步需要在延伸生产链、产品链下功夫，把现有产业做强做大。

二是坚持综合施策，多方保障来推进精准扶贫、精准脱贫。通过技能培训、教育扶持、医疗扶持、文化旅游、金融扶持、结对帮扶、企业和大户带动脱贫、光伏、电商带动脱贫等综合措施。另外，健全工作体系，集中各方力量和优势，推进脱贫攻坚。特别是围绕贫困户需求，提高贫困群众的文化素质，解决医疗健康等具体问题，值得肯定。

2 从摆脱贫困到精准扶贫
——福建省宁德市精准扶贫案例

背景导读

　　宁德市作为 20 世纪 80 年代全国 18 个集中连片贫困区之一，是"老、少、边、岛、穷"的典型地区，一直以来，摆脱贫困、建设小康始终是闽东人民最迫切的愿望。1988 年至 1990 年，曾任中共宁德地委书记的习近平同志在宁德工作期间，就把脱贫致富工作放在极其重要的位置，坚持走发展"大农业"路子，并大力倡导"滴水穿石"的闽东精神、"弱鸟先飞"的进取意识、"四下基层"的工作作风，掀开了闽东人民向贫困宣战的新篇章，为改变闽东贫困面貌奠定了坚实基础，形成了《摆脱贫困》一书。90 年代，习近平同志在福建省委工作期间，组织开展造福工程，山海协作，向贫困村驻第一书记等工作，帮助贫困群众脱贫致富，开创东西部扶贫协作的"闽宁模式"。

　　习近平同志始终惦念着宁德老区的经济发展，多次返回宁德考察，为老区解决了许多实际问题。1999 年 11 月 4 日，时任代省长的习近平同

▶ 蕉城区干部群众为老区基点村开山辟路

志再次莅临宁德市，他充分肯定了宁德市的各项工作，认为宁德市的经济发展势头好，城市建设呈现新气象，基础设施步伐加快，工作有新思路，干部群众精神状态好，看了感到特别高兴。他对加大基础设施建设投入、推动经济发展的做法给予了充分肯定，尤为关注农村基础设施建设和老区"五通"工程。在谈到培育新的经济增长点时，他对把旅游作为新的经济增长点加大培育力度，很感兴趣。他认为，宁德市（现蕉城区）山清水秀，有丰富的旅游资源，像支提山、三都澳和霍童溪都是很好的景点，把旅游作为新的经济增长点来培育，这一思路很好。要千方百计开发，要搞好旅游总体规划，分步实施；要加大宣传力度，提高知名度。在开发旅游资源的同时，尤其要注意保护好生态环境。20多年来，根据习近平同志扶贫开发重要思想和对宁德市扶贫开发工作的重要指示精神，历届宁德党委政府接棒前行，持之以恒，扎实推进闽东山区农村摆脱贫困，取得了长足的发展。

基本做法

蕉城区（原宁德市），下辖16个乡镇（街道），有278个建制村、32个社区、1936个自然村，农业人口32.9万人。长期以来，蕉城区扶贫工作存在的主要问题包括：

一是缺乏产业支撑，造血功能不足。蕉城区扶贫开发重点村大多处于边远偏僻地区，其土地、气候等自然条件相对较差，农业基础较为薄弱，又受交通等条件制约，经济发展受到很大限制。从贫困户群体来说，他们平均受教育程度相对较低，普遍缺乏一技之长，常年只靠传统种植和渔业勉强维持温饱，他们虽有劳力，却无技术、无资金，想发展却无能为力，导致自身发展缓慢，长年靠救济补助，有的甚至出现"贫困代际传递"的现象。

二是扶贫精准度不够，成效不明显。扶贫工作中，有的采用"漫灌式""垒大户"等方式扶贫，往往造成针对性不强、精准度不高、点面不平衡。在扶贫资金分配和使用上，存在分散、细碎、"撒胡椒面"的现象，集中力量和资金解决深层次贫困问题的合力不够，扶贫资金发挥效益和辐射带动能力不强。贫困人口档案缺乏科学的动态管理办法，扶持对象难以精准识别，"一户一策"的帮扶机制不够完善。过去，有些地方采取"一刀切"的做法，按乡镇、按人口分配扶贫资金，一定程度上造成了扶贫资金浪费的现象。

三是农村社会保障不健全，返贫现象突出。社会养老、医疗卫生等保障体系不健全，尚未将农村弱势群体全部纳入保障范围，对贫困人口的保障面不足，有的贫困户通过发展生产，好不容易摆脱贫困，家庭中一旦出现有人发生重大疾病或者遇到重大灾害事故，就会重新返贫，这种现象占贫困人口的比例往往很大，如何健全完善农村社会保障体系显得尤其重要。

四是扶贫机制不完善，集中资源扶贫攻坚不够。虽然实行了领导挂村包户，部门结对帮扶、"六到村六到户"等机制，但部门与部门之间也存在本位主义思想，只顾负责自己所挂的村，对其他贫困村过问少、支持少，没有充分整合各类资源，共同推进扶贫攻坚。对扶贫工作的考核激励、监督机制不完善，没有独立设置扶贫机构，省、市、区级机构均依托于农业局下设科室，且缺少编制人员，这与当前的大扶贫形势任务不吻合，不利于扶贫工作的有效开展。一些部门和干部思想上重视不够，潜意识里认为贫困工作是扶贫办的事，平常"只喊喊、不到村"，"扶哪个""在哪点"不清楚，只是在重大节日才到户里走一走，发些补助金，有些部门虽然人下去了，但是不带思路，不带项目，只转转、不用心。一些部门缺乏"钉钉子"的精神，"只谈谈、不落实"，答应群众的事情往往变成"半拉子"，不了了之。

近年来，蕉城区委、区政府学习、贯彻和落实好习近平总书记扶贫开发重要思想和对宁德市扶贫开发工作的重要指示，从摆脱贫困到精准扶贫，积极探索，坚持"精、准、稳"的扶贫思路，实现了扶贫工作的"三大转变"。

一、做好一个"精"字，着力培育新的经济增长点

初步实现从"输血式"的生活救济型扶贫向"造血式"产业开发型扶贫的转变。

▶ 现代农业——海产品加工出口

一是依托重大项目支撑，加快产业建设。以镇为单位，加大投资力度，大力发展淡海水网箱和工厂化养殖渔业、设施和科技农业、示范和标准农业园区建设，成为农民脱贫致富的"主力军"。立足于地处宁德主城区和近郊区的区位优势，蕉城区改变传统单一的以种植业和传统渔业为主的经营模式，充分挖掘优质农、林、茶、果、渔等特色资源优势，引进龙头骨干项目，加快优质高效农业产业化步伐，坚持"园区建设、企业依托、市场主导、政府扶持、政策配套、创新示范、三产联动"，形成了集聚发展的可喜势头，目前，飞鸾、三都、漳湾和七都等镇从人工育苗、渔排养殖、工厂化养殖加工到现代销售网络体系建设等的产业集群，在养殖加工大黄鱼、鳗鱼、白对虾和各种贝类等领域均走在世界和全国前列，形成了规模优势，产品远销海内外市场。在赤溪、洋中、九都、七都等镇，以高标准园区建设和农业产业化为龙头，运用先进农业科学技术和成果，结合互联网和电子商务，坚持三产联动，建设了优质水果蔬菜、花卉种苗等产业示范园区和生产基地，市场前景十分广阔。

二是通过落实扶贫政策资金和帮扶措施，以村为基础，大力发展农村经济，成为农民脱贫致富的"游击队"。目前，大部分村实现"一村一品，一村多业"的发展格局，茶叶、水果、畜牧业、养殖业、海产品、毛竹、林下经济等收入不断增加，村级集体经济不断壮大，有三分之一扶贫开发重点村年集体经济收入达到10万元以上，剩下的达到5万元以上。农村经济的繁荣发展，带动了农民人均收入的不断增加，全区生产总值从1984年的1.41亿元增长到2014年的239.4亿元，农民人均纯收入从1984年的300元增加到2014年的11190元，大大加快了贫困乡村脱贫致富步伐。

三是培育发展红色旅游、美丽乡村等旅游项目作为新经济增长点，

大力发展第三产业，成为农民脱贫致富的"领路人"。蕉城区是红色旅游资源集中的典型的闽东革命老区，叶飞、曾志等老一代无产阶级革命家都曾经长期在此进行革命活动，拥有霍童镇坑头村宁德苏维埃政权旧址、霍童镇桃花溪村中国工农红军闽东独立师北上抗日整编旧址、虎贝镇文峰村闽东独立师整编旧址等一批具有革命价值和旅游价值的纪念场馆和旅游景点。此外，还有支提山佛教圣地、三都澳世界级天然深水良港和霍童溪流域古镇、古村落等很好的景点，包括一大批具有山水特色和畲族风情的美丽乡村。近些年来，区委区政府下决心加大投资力度，建设了九（都）虎（贝）公路、主要景点旅游集散地等基础设施和公共服务体系，并对主要革命旧址和旅游景点进行保护和修缮，正在成为重要的红色革命教育基地和休闲观光旅游胜地，前景可期。

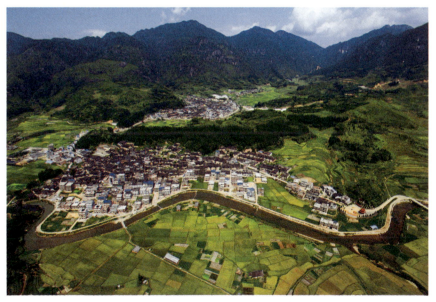

▶ 美丽乡村——虎贝梅鹤村

二、做实一个"准"字，初步实现从"大水漫灌式"全面扶贫到"滴灌式"定向扶贫的转变

为贯彻落实好习近平总书记扶贫开发重要思想，"看真贫、真扶贫、扶真贫"，2015 年 5 月，区委、区政府研究制定了《关于贯彻落实习近平总书记扶贫开发重要思想　加快推进精准扶贫、精准脱贫的决定》，明确了精准扶贫、精准脱贫的指导思想、奋斗目标和基本要求，提出了三个方面十一项具体措施。

一是对贫困户建档立卡。自 2011 年以来，为全力做好农村扶贫对象调查和建档立卡工作的组织实施，通过对贫困户摸底调查和建档立卡，摸清了农村扶贫人口底数，掌握了准确数据，为将来制定扶贫规划提供了翔实的依据。2014 年 12 月上旬，按国家统一制定的指标体系，完成了贫困户、贫困村精准识别、数据建档、资料入网等工作。全区现有贫困户 4787 户 15646 人，其中一般贫困户 4093 户 13583 人，低保贫困户 200 户 658 人，低保户 488 户 1399 人，五保户 6 户 6 人；贫困村 58 个（包括 6 个老区基点村），占建制村总数的 20.9%，其中少数民族贫困村 9 个，占建制村总数的 3.2%，占贫困村总数的 15.5%。

二是开展副科级以上干部包户扶贫活动，落实好"五个一"帮扶措施。2015 年 5 月，中共宁德市蕉城区委办公室、宁德市蕉城区人民政府办公室下发了《关于开展副科级以上干部包户扶贫活动的通知》文件，采取领导干部挂村包户、部门对口帮扶的措施办法，派出包户"扶贫工作队"，全区副处级以上干部每人包 2 户，科级干部每人包 1 户，其余由乡镇、街道干部分户包干，实行一包到底，不脱贫不脱钩，做到贫困户户户有人包，每年保持 20% 左右的脱贫率。

2015 年全区要实现脱贫 800 户 3000 人以上的目标。落实好"五个一"帮扶措施：一要制订科学精准的脱贫计划；二要每年帮助落实一笔 2000 元以上帮扶资金；三要帮助落实一名劳动力技术技能培训和就业；四要帮助发展一个以上的脱贫致富项目；五要帮助推销种植主要农作物，落实巩固脱贫成果，确保贫困户顺利脱贫"销号"，切实减少"返贫"现象。

三是开展贫困户待销农产品调查摸底，为贫困户增强"造血"功能提供平台。为进一步了解贫困户的生产情况，夯实扶贫工作基础。9 月初组织开展对全区建档立卡贫困户待销农产品全面调查摸底工作。通过调查摸底，初步掌握贫困户的生产状况和脱贫能力，了解贫困户待销农产品的现状，在满足农产品质量要求的前提下，由蕉城区农业局牵头，依托蕉城区农业基地、联盟供货点帮助销售，为贫困户推销主要农产品，为贫困户拓宽增收渠道，加快脱贫致富

▶ 昔日漂泊在海上的连家船

步伐。

四是继续大力实施"造福工程"，开展贫困户整村搬迁造福工程工作，改善贫困户的生活条件。"造福工程"事关偏远地区贫困群众的福祉，是一项民生工程、德政工程和民心工程。蕉城区历届区委、区政府都高度重视"造福工程"，坚决贯彻中央、省、市有关精神，把实施"造福工程"当作一项民生工程和政治工程抓紧抓好。1994年开始实施"造福工程"以来，全区共为边远、地质灾害、滑坡险情以及连家船上岸的村民和船民实施"造福工程"，易地搬迁共计5144户24481人，惠及全区16个乡镇（街道）、217个行政村、657个自然村。其中，建立30户以上集中安置点28个，大大改善了边远地区贫困群众的生产生活条件，提高了贫困群众防灾抗灾的能力，加快了脱贫致富的步伐。2015年省里下达造福工程危房改造指标2752人，用于整村搬迁计1045人，其中建档立卡贫困户共计28户106人。根据省、市有关文件精神，优先安排建档立卡贫困户占比30%的自然村搬迁。

五是开展扶贫开发试点工作。根据中共中央、国务院《关于加大改革创新力度加快农业现代化建设的若干意见》，省委办公厅、省政府办公厅《关于调整第四轮整村推进扶贫开发工作有关政策的通知》精神，区委、区政府对发展现代特色农业和落实科学扶贫、精准扶贫工作进行了具体部署，并通过区农业产业化领导小组研究，确定石后乡小岭村为扶贫开发试点村。从成立农业专业合作社、发展特色优质农业两方面大力发展现代农业，并逐步壮大村集体经济，落实好精准扶贫，力争用3至5年的时间，把小岭村发展成为现代农业山地开发与乡村休闲农业结合、村级集体经济发展壮大、美丽乡村建设和落实精准扶贫的示范村，为今后全区农村全面发展，特别是边远山区农村的发展发挥示范作用。

三、做足一个"稳"字，不断提高社会化扶贫治理能力，逐步实现从政府扶贫向建立长效社会化贫困治理体系的转变

区委、区政府着眼于长远，克服急功近利的"政绩观"，功成不必在我，从扶贫体制机制创新和改善传统乡村治理结构入手，在充分发挥政府扶贫作用的同时，善于调动和发挥企业扶贫和社会扶贫的积极性，实现扶贫开发工作规范化、长期化、可持续，依此从制度上确保扶贫资金的投入，为实施精准扶贫，加快贫困群众脱贫致富提供有力支持。

一是着眼于破解扶贫资源短缺且各自为战的难题，积极整合各种资源，探索社会化保障模式。正逐步建立和完善政策、信贷、人才、技术、生产生活、文化和农村新兴经济组织等多元治理的七大保障体系，具体包括：1.政策整合推动，为贫困户提供政策保障。在项目扶持、资金补助、技术培训和就业安排等方面对贫困户予以政策倾斜，对吸纳贫困户就业的企业，将优先申报项目补助。2.金融破解，为贫困户提供信贷保障。增加信贷投放，支农再贷款优先安排贫困户发展生产，对扶贫企业、扶贫合作社信贷予以利率优惠。3.人才引流，为贫困村发展提供人才保障。切实实现人才流向农村，强化企业带动，继续选好用好村挂职第一书记，充分发挥返乡创业大学生以及农业产业龙头企业的带动作用。4.科学支撑，为贫困户提供技术保障。积极引导就业，将技能培训与转移就业相结合，大力实施转移就业技能培训，在培训过程中搭建企业供需平台，对有输出愿望的农村劳动力适时组织转移就业。5.加大农村设施建设，为贫困户提供生产、生活保障。加快完善贫困村基础设施，改善群众生产生活条件。加快完善交

通、农村水利工程、安全饮水工程、推进农村电子商务建设等方面。
6. 传统村落保护与文化传承，为贫困村发展提供文化保障。从历史文化角度，传统村落是我国历史文化的鲜活载体，维系着中华民族最为浓郁的"乡愁"。加强传统村落保护，可以为我国城镇化发展保留可资借鉴的历史文化脉络，使城市建筑更好地体现地域特征和民族特色。从改善民生角度看，传统村落很多分布在贫困地区、民族地区，村民提高生活质量的需求十分迫切。在严格保护传统风貌的前提下，完善这些传统村落中的基础设施建设，提升人居环境，是推进城镇化的应有之义。7. 注重培育农村新型经济组织，为贫困村发展提供体制保障。确定石后乡小岭村为扶贫开发试点村。从成立农民专业合作社、发展特色优质农业两方面大力发展现代农业，并逐步壮大村集体经济，落实好精准扶贫，为今后全区农村全面发展，特别是边远山区农村的发展发挥示范作用。

二是着眼于破解农村养老难题，积极探索发展农村养老的社会治理体系，形成了乡村网络化慈善幸福院养老体系。目前，从全国来看，农村空巢化比较普遍，家庭养老转型为社会养老是一个大趋势，未来高龄农民工回乡养老数量将会十分巨大。实际上，实现"老有所养"也是精准扶贫的一项重要工作。蕉城区以村为基础，社会多元投资，经过多年努力，初步建立了一个乡村网络化的慈善幸福院养老体系。

专家点评

精准扶贫、精准脱贫，贵在精准，重在精准，成败之举在于精准。福建宁德市从摆脱贫困到精准扶贫的做法突出了"精准"二字。

一是做好一个"精"字。瞄准特困地区、贫困群众、特困家庭，扶到点上、扶到根上、扶到家庭。着力培育新的经济增长点，依托重大项目支撑，以镇为单位，加大投资力度，大力发展科技农业、示范和标准农业园区建设，实现从"输血式"的生活救济型扶贫向"造血式"产业开发型扶贫的转变。

二是做实一个"准"字。初步实现"大水漫灌式"全面扶贫到"滴灌式"定向扶贫的转变。精准扶贫、精准脱贫是一项系统工程，对象精准是前提和基础，项目、资金、措施、派人精准是措施和手段，成效精准是目标和落脚点。通过建档立卡，摸清贫困人口底数，做实做细，实现动态调整；积极整合各种资源，探索社会化保障模式，正逐步建立和完善政策、信贷、人才、技术、生产生活、文化和农村新兴经济组织等保障体系，使各项扶贫措施落地生根。

3

创新体制机制
助力脱贫攻坚
——河北省保定市阜平县精准扶贫案例

背景导读

　　党的十八大闭幕不久，担任中共中央总书记仅40多天的习近平同志，就冒着零下十几摄氏度的严寒，赶赴地处集中连片特困地区的河北省阜平县考察扶贫开发工作。2012年12月29日下午3时从北京出发，30日下午1时离开，20多个小时，往来奔波700多公里，他踏着皑皑白雪，走进龙泉关镇骆驼湾村、顾家台村这两个特困村。在村民家中，他盘腿坐在炕上，同乡亲们手拉手，嘘寒问暖，了解他们日子过得怎么样。考察时发表了重要讲话，对贫困地区全面建成小康社会作出重要指示。

　　习近平总书记深情地回忆说，聂帅（聂荣臻）曾经流着泪说："阜平不富，死不瞑目"。这件事是福建省委原书记项南同志告诉我的。聂帅的那句话感人至深，我一直铭记在心。项南同志从福建省委书记任上退下来后，当了中国扶贫基金会会长。我当时是福州市委书记。他到福建来找我，希望我支持一下基金会。项南说，有一次他去

▶ 柏崖项目区荒山综合整治

看望聂帅，聂帅谈到了河北阜平的情况。阜平曾是晋察冀边区所在地，聂帅担任过晋察冀军区司令员。聂帅动情地说，老百姓保护了我们、养育了我们，我们打下了天下，是为老百姓打下的天下，阜平的乡亲们现在生活还没有明显改善，我于心不忍，一定要把老区的事情办好。所以，项南义不容辞当了中国扶贫基金会会长。我是在这样的氛围中耳濡目染走过来的，工作过的很多地方都是老区，对老区的感情是很深厚的。我们对脱贫攻坚特别是老区脱贫致富，要有一种责任感、紧迫感，要带着感情做这项工作。

在阜平县考察时，习近平总书记指出，全面建成小康社会，最艰巨最繁重的任务在农村，特别是在贫困地区。没有农村的小康，特别是没有贫困地区的小康，就没有全面建成小康社会。这是总书记精准扶贫思想的"形成之作"。他提出了"两个重中之重"，即"三农"工作是重中之重，革命老区、民族地区、边疆地区、贫困地区在"三农"工作中要把扶贫开发作为重中之重；"三个格外"，即对困难群众要格外关注、格外关爱、格外关心；科学扶贫、内援扶贫等重要思想，强调了扶贫开发的极端重要性，拉开了总书记抓脱贫攻坚的序幕。

主要做法

阜平县位于河北省保定市西部，是太行山区的贫困县。地处河北、山西两省，石家庄、保定、忻州、大同四市，曲阳、唐县、涞源、行唐、灵寿、平山、五台、灵丘、繁峙九县交汇处，山场面积326万亩，占总面积的87%，耕地面积仅21.9万亩，人均0.96亩，俗称"九山半水半分田"。这里曾是晋察冀抗日根据地，毛主席亲笔命名的"模范抗日根据地"。1948年4月，毛主席率领中共中央机

▶ 阜平县天生桥千亩现代食用菌产业园区

关移驻阜平。阜平县山高林密、人多地少、交通不便，长期处于贫困状态。全县 209 个行政村中有 164 个贫困村，占 78.5%；2014 年初，建档立卡贫困人口 10.81 万人，占总人口的 48%（总人口 22.98 万）。阜平自"八七"扶贫攻坚以来就是国家贫困县。贫困范围广，全县 209 个行政村中有 164 个贫困村，占 78.5%；2014 年初建档立卡贫困人口 10.81 万人，占总人口的 47%（总人口 22.98 万）。贫困程度深，各项经济指标在省市均居后位，远低于全国、全省、全市的平均数。发展基础薄弱，思想解放程度和对外开放程度低，基础设施支撑弱、公共服务水平弱、产业支撑弱、人才资金技术等要素支撑弱。

2012 年 12 月，习近平总书记到阜平考察扶贫开发工作，对贫困地区全面建成小康社会作出重要指示。2013 年阜平被确定为"燕山—太行山片区区域发展与扶贫攻坚试点"。阜平进入了向贫困宣战、向小康进军的新阶段。根据习近平总书记的指示，按照阜平试点的要求，以创新扶贫新机制为突破口，"五管齐下"推动扶贫攻坚，探索扶贫新路径。

一、深化精准扶贫机制，实现三个"精准"

在精准识别上，推行了"一主四辅、三类五步"工作法，即：在识别标准上采用人均可支配收入为主，住房、教育、医疗、社保为辅的"一主四辅"法，按百分制对每项设立不同权重的分值和详细的评分标准以及评分方法。在农户分类上，将识别对象分为贫困户、基本脱贫户、非贫困户"三个类别"，在识别程序上分信息采集、综合评估、逐级审核、民主评议、公开公示"五个步骤"。在精准帮扶上，建立了"县级领导包乡镇、包村、包户"制度，实现了驻村工作组对全县 209 个行政村和所有农户帮扶全覆盖。健全扶贫机构，建立了乡镇扶贫办公室和村精准扶贫工作室。在帮扶内容上重点做好群众收入、住房、教育、医疗、社保五个方面。在精准管理上，细化精准管理工作，为 209 个行政村配备了 293 名信息管理员，专门负责贫困户日常信息的收集、整理、登记和录入工作，保证建档立卡信息管理系统及时更新，实现动态管理，为精准脱贫提供真实客观的依据。根据帮扶情况，一年一评估一更新，实施动态精准管理。

二、创新山区综合开发机制，实现共建共享

阜平县域面积 374 万亩，未利用地 256 万亩，其中 25 度以下未利用地达 52 万亩，涉及中东部 8 个乡镇 98 个行政村 7 万人。2013 年以来，县里立足资源优势，把推进荒山整治开发作为加快脱贫致富建小康的战略突破口，利用"占补平衡"政策，采取"政府＋企业＋村委会＋农户"的模式，进行高标准有序整治开发。一是政府

▶ 食用菌大棚

统筹主导。政府积极做好编制整治规划、制定推进方案、实施立项审批、引进龙头企业、监管企业运作经营等方面工作。二是企业开发经营。龙头企业做好市场化运作、高标准整治土地、发展高效农业、保障农民权益等方面工作。三是村级组织推动。村"两委"主要是做好荒山土地流转、协调群众工作、监督企业经营、落实收益分红等方面工作。四是农户合作参与。农户层面主要是转让荒山经营权、实现资源变资本、入股参与分红、务工增加收入。县里计划到 2018 年将 52 万亩荒山整治完毕，全县预计新增耕地 20 万亩左右，相当于在耕地面积上再造一个阜平，指标流转收入预计可达 200 亿元。项目区人均增加 3 亩地左右，农民可获得流转底金、股份分红、林下经济、项目区务工等多项收入，人均增收 2 万元左右。同时，还可通过占补平衡指标流转增加县级财力，用于基础设施建设、重大项目、民生保障等，也通过提供占补平衡指标支持省内其他地区发展。通过整治开发，可提高森林覆盖率 5.3%，生态效益明显。另外，农民离地不失地，农民变股民，从低效的土地生产中解放出来，有利于促进农村城镇化建设。截至目前，全县已完成立项总规模 8.28 万亩，其中已验收新增耕地 2 万亩，累计为项目区群众发放租金 5386 万元，新增耕地指标流转实现收益 30 亿元。

三、探索金融扶贫机制，融合多元资金

以创建金融扶贫示范县为载体，探索建立"政府＋保险＋银行＋农户（企业）"的金融扶贫模式。一是建立"县金融服务中心＋乡镇金融工作部＋村金融工作室"三级金融服务机构，形成覆盖全县 13 个乡镇 209 个行政村的金融服务网络。二是创建农业保险"联办共保"和扶贫贷款"风险共担"两个机制，支持农民发展致富产业。与市人保财险公司合作建立联办共保机制，对阜平县主要种养产品实现农业保险全覆盖，对每个产品实现灾害险、产品质量安全险和成本损失险三个险种的全覆盖。2016 年全年共办理农业保险 1039 单，覆盖 13 个乡镇 5.48 万农户，保费 2795.21 万元，保险金额 13.7 亿元。全年理赔金额 1840.86 万元，共涉及农户约 1.8 万户次。农业保险兜住了农民生产经营的风险底线，也为金融部门支持农户贷款降低了金融风险。与银行部门合作对农户贷款实施风险共担，县惠农担保公司提供担保，农户通过"三户联保"，可申请合作银行按照 1∶5 的比例发放贷款。截至目前，已发放扶贫贷款 9.38 亿元，其中企业 86 户 3.16 亿元，农户 7010 户 6.22 亿元。与中国人保集团签署协议，合作实施"政融保"金融扶贫项目，为从事生产经营活动且参加农业保险的农户和涉农企业提供保险资金融资。三是拓宽融资渠道，支持县域经济发展。与石

▶ 阜平县砂窝乡林当沟村村民张晓量在温棚采摘食用菌

家庄股权交易所进行战略合作，引导中小企业到资本市场融资，目前已有春利牧业、亿林枣业、阜彩蔬菜等几家企业在石交所挂牌上市。与政策性银行合作，争取对产业发展和基础设施建设的支持，与中国农业发展银行签订了 128 亿元合作信贷协议，与国家开发银行合作争取到了 8000 万贷款用于县城棚改项目，与保定银行合作贷款 5 亿元用于山区综合开发项目。与品牌公司合作，创建支持企业发展基金平台，与省信产投达成合作意向，正在筹划建立 2 亿元的商业担保公司，为县内企业提供融资担保；与深创投达成合作意向，拟合作建立 2 亿元的创业投资基金，为中小企业创业提供资金支持。与国投创益达成 6300 万元的股权投资协议，近期将投放到位。四是优化金融生态环境。坚持激励和惩戒相结合，营造良好的信用环境。建立农村诚信体系，通过"边采集、边办理"的方式采集农户信息，建立农户电子信用信息档案。建立守信激励和失信惩戒机制。采取多种措施促使农户诚信经营，树立"信用也是财产"的社会共识，严厉打击骗保、骗贷及恶意违约行为，提升社会信用管理水平，优化金融生态环境。

四、探索美丽乡村建设推进机制

阜平县一共有 209 个行政村，1208 个自然村，人口居住分散、村庄规模小、基础设施和公共服务覆盖难，且相当一部分村庄居住生活条件恶劣。县里以实现"城乡基础设施一体化、社会公共服务均等化"为目标，坚持改造提升与搬迁整合统筹推进、住房建设与基础设施配套统筹推进、风貌提升与功能完善统筹推进、村庄建设与产业发展统筹推进、外部环境建设与内在机制建设统筹推进，积极探索美丽乡村建设推进机制。一是科学规划村庄布点体系。在深入调研反复研究的基础上，规划确定了"1（中心城区）+6（中心镇区）+43（中心村）+40（基层村）+32（特色保留村）"的城乡体系。从建设方式上分为就地城镇化、迁并整合、改造提升三个类型。二是利用城乡建设用地增减挂钩政策推进村庄搬迁整合。通过迁并整合节余的建设用地指标流转收益，解决资金支撑问题。目前全县农村共有集体建设用地 6.3 万亩，村庄搬迁整合完成后，除自用 3.47 万亩外，可结余建设用地 2.83 万亩。复垦后可用于流转土地指标 2 万亩左右，流转收益按每亩 70 万元计算，总收益达 140 亿元，统筹国家扶贫搬迁等各类政策性资金，即可满足全县域美丽乡村建设的资金需要。按照以 3—4 层住宅楼为主，路、水、电、暖、讯、学校、卫生室、垃圾及污水处理等设施全面配套的规划要求，高标准建设新社区，同时制定安置补偿政策和后续保障政策，确保农民"搬得出、稳得住、能致富"。三是实施村庄改造提升。对有文化价值、有特色、适合旅游、不宜迁并的村庄进行改造提升。聘请有美丽乡村规划设计经验的单位进行规划设计，以建设太行最美乡村为目标，在完善基础设施和公共服务设施配套的基础上，提升建筑风貌。县里制定出台了系列支持政策，公共建筑和基础设施建设由县财政负担，农户按新建28000元、维修9000元，另外，每平方米240—540元的标准享受建房补贴。室内装修按每平方米600元进行补贴，补贴总面积不超过100平方米。四是完善村庄内在治理机制。探索建立以村党支部为核心，以村代会、村委会、村监会为决策执行监督机构，以精准扶贫工作室、金融扶贫工作室、电商服务中心、两个代办工作室、便民服务中心为服务机构，以合作社、红白理事会、"五老一小"、致富带头人为辅助的新型农村治理体系，提升村庄管理和服务水平。引导村民制定村规民约，进行自我管理。开展道德教育和致富技能培训，提高村民道德素养和致富能力，打造村美人也美的新农村。

五、建立社会兜底保障机制

一是按照精准扶贫兜底保障一批的要求，将省下拨县里的低保、五保、大病救助、紧急救助等资金，统筹建立兜底保障基金，对困难群众进行兜底保障，使保障标准与贫困线合一，不足部分由县财政补贴。二是探索建立县乡村三级养老服务机制。县建立与社会化养老相结合的养老康健中心，政府出资建设，完善相关服务设施，聘请专业团队进行日常管理，一方面对鳏寡孤独进行集中供养，另一方面面向社会发展托老产业。乡镇建立搬迁式养老服务中心，对村民年龄偏大，平时无子女照顾，缺乏生产能力，紧急情况无法处理的空巢村进行集中搬迁。由政府统一建设搬迁式养老服务中心，完善相关配套设施。村民搬迁后的原有住房、土地、山场等依法进行流转，交由企业统一经营管理，收益用于老人平时生活所需，彻底解决空巢老人的生活问题。村建设互助幸福院，集中供养孤寡老人，相互照料，形成县、乡、村健全完备的养老服务体系。

经过四年多的探索实践，脱贫攻坚工作取得阶段性进展。2016年，全县生产总值完成 36.59 亿元，同比增长 8.1%；全部财政收入完成 3.62 亿元，同比增长 26.5%；一般公共预算收入完成 2.67 亿元，同比增长 13.7%；固定资产投资完成 64.4 亿元，同比增长 20.5%；城镇居民人均可支配收入完成 14401 元，同比增长 10.4%；农村居民人均可支配收入完成 6542 元，同比增长 12.5%；各项存款余额 129.92 亿元，其中居民储蓄存款余额 70.79 亿元。贫困人口从 2014 年初建档立卡时的 10.81 万人下降到 2.88 万人，贫困发生率由 54.4% 下降到 14.8%。

专家点评

阜平县试点，以创新体制机制为突破口，探索贫困县经济社会良性发展道路的实践和探索，值得借鉴和推广。阅读阜平试点实践，可以归结两个特点：明确定位有方向和围绕发展建机制。

一是战略定位明确，六大基地是目标。阜平县根据自身的特殊区位：毗邻大都市，北距北京 245 公里，东距天津 295 公里，南距石家庄 96 公里；地理交汇点：是河北、山西两省，石家庄、保定、忻州、大同四市，曲阳、唐县、涞源，行唐、灵寿、平山，五台、灵丘、繁峙九县的交汇处；靠近新经济增长极——雄安新区；处于太行山区的腹地；森林覆盖率高、水资源丰富等自然资源和地理区位优势，确立了战略目标定位，即燕太片区区域发展与扶贫攻坚试点，绿色安全农副产品生产加工供应基地，科技引导型先进制造业基地，中国北方知名旅游目的地，华北地区重要物流节点，京津冀都市圈生态发展示范区（全县生态环境良好，森林覆盖率41.07%，植被覆盖率80%以上，是保定市最绿的地方。水资源总量4.2亿立方米，人均占有量是河北省的8.3倍，是全国的4倍）。

二是围绕发展建机制，产业扶贫快攻坚。 围绕大都市圈发展优势产业，确立食品生产加工业、手工制造业（距离河北小商品集散地——白沟很近）、电商服务业、休闲旅游业等为主导产业，围绕制约产业发展的瓶颈，利用先行先试的试点政策，通过全方位的机制创新，破解发展瓶颈，再造发展新环境，创造内生动力。

深度贫困地区脱贫攻坚的新探索

——甘肃省临夏州东乡县布楞沟村精准扶贫案例

背景导读

　　甘肃省临夏州东乡族自治县地处黄土高原丘陵地带，位于甘肃省中部西南面。1950年9月25日成立东乡自治区，1955年6月改称东乡族自治县。东乡县是全国唯一的以东乡族为主体的少数民族自治县，也是甘肃省三个特有少数民族之一东乡族的发祥地和主要聚居区，属国列省扶重点贫困县，贫困人口多、贫困程度深、脱贫难度大，是六盘山片区最贫困的地区之一。

　　东乡县高山乡布楞沟村辖5个社、68户、351人，是纯东乡族村。总耕地面积1146亩，人均3.3亩。2012年农民人均纯收入1624.1元，比全县平均水平低809.9元，比全乡平均水平低445.6元，贫困面高达96%。布楞沟村是东乡县生态最脆弱、基础条件最差、群众最贫困的地区，集民族地区、贫困地区、高海拔山区于一体，群众吃水、

▶ 20世纪七八十年代群众饮水状况

行路、住房、上学、就医、增收等困难问题十分突出，自我发展脱贫能力低，扶贫攻坚的形势十分严峻。

2013年2月3日，习近平总书记来到临夏州东乡族自治县高山乡布楞沟村，看望慰问贫困群众，调研指导扶贫开发工作。这是党的十八大后习近平总书记扶贫调研的第一个民族地区。布楞沟村村道坎坎坷坷，浮土没过脚面，一路走来，鞋上、裤腿上沾满了尘土，总书记体恤群众的疾苦，丝毫没有顾忌这些，关切地询问群众的生活安排情况和党的惠民政策落实情况。在察看了村里的集雨水窖后，总书记要求当地政府抓紧解决好村民饮水困难，"把水引来，把路修通，把新农村建设好，让贫困群众尽早脱贫过上小康生活"。他鼓励乡亲们发扬自立自强精神，找准发展路子，苦干实干，改善生产生活条件，早日改变贫困面貌。并表示党和政府会进一步帮助大家，让大家生活越来越好。

习近平总书记的亲切关怀，给布楞沟村群众以希望、信心和动力。遵照总书记的嘱托，东乡县委、县政府加快脱贫攻坚，把民族地区脱贫当作头等大事和一号工程。为认真贯彻落实习近平总书记的重要指示，加快布楞沟流域整体连片扶贫开发步伐，中石化集团公司出资2000多万元帮扶实施了布楞沟村村道建设项目。在中央、省州的关心支持下，在中石化的支持帮扶下，经过四年的扶持发展，布楞沟村的面貌发生了深刻变化，全村群众生产生活条件全面改善，富民产业不断培育壮大，生态环境显著改善，社会事业发展质量明显提高，自我发展能力明显提升。如今，布楞沟村户户通了自来水，社社通了水泥路，家家搞起了养殖，全村群众搬进了整洁舒适的新农村。

基 本 做 法

为了认真贯彻落实习近平总书记重要指示精神，东乡县按照省州决策部署，全面规划启动实施了布楞沟流域整体连片扶贫开发工作。

一、狠抓基础设施建设，发展环境不断改善

始终把基础设施建设作为夯实发展基础、优化发展环境的重点来抓，整合各类资金，着力改善道路、人饮、梯田、住房等基础设施。硬化布楞沟村村道20公里，修建边沟18.5公里，建设桥梁1座，有效解决了群众出行难问题；高标准机修梯田3600亩，实施土地整治项目935.7亩，土地蓄水保墒能力显著提高；对布楞沟村五个社的56户贫困群众实施易地扶贫搬迁，建成新农村56户，安装太阳能路

▶ 集雨水窖

灯 30 盏，配备垃圾箱 35 个，指定垃圾集中填埋点 1 处；完成了布楞沟村人饮入户工程，埋设自来水管 15 公里，建成蓄水池 7 座，清澈的自来水流进了村民院落，结束了群众吃水靠车拉、驴驮、人背的历史。

二、狠抓公共服务共享，人居环境不断优化

为切实改善村容村貌，县里统一规划，启动实施了布楞沟村风貌改造工程；建成布楞沟村村史馆，被评为省级爱国主义教育基地；建成了村级活动场所，配备了卫生室、文化室、计生服务室、便民超市、老年人日间照料中心、村民文化广场等公共设施；新建小学投入使用，配齐配全了各类现代化教学设施器材，开设了学前班，配齐了幼儿教师，使不足龄生接受学前教育，达到了入学率、巩固率两个 100% 的目标。同时，由厦门市湖里区和中石化集团共同援建的东乡县折红二级公路综合服务区项目正在开展前期工作。通过这些措施，做到了群众吃药打针和购买生活必需品不出村，办理日常事务不出村，过去困扰布楞沟村群众多年的住房、上学、看病等难题得到有效解决。

三、狠抓特色产业培育，群众收入明显增加

2012 年年底，布楞沟村农民人均纯收入仅为 1624.1 元，远远低于全省全州平均水平，贫困面高达 96%。县里把畜牧养殖和劳务输转作为助农增收的主渠道，通过政府扶持圈舍修建、发放养殖贷款、劳务培训输转等一系列有效措施，2014 年底实现了整村脱贫；2015 年底，布楞沟村群众人均可支配收入达到 4460 元；2016 年底，布楞沟村群众人均可支配收入达到 5263 元，增长 803 元。畜牧养殖方

▶ 暖棚养殖场

面，全村建成3000只规模的养殖场1座，200—500只规模的养殖场2座，养牛场1座，全村牛存栏57头、出栏18头，羊存栏1872只、出栏3020只。今年中石化帮扶修建羊圈54户，推广种植甜高粱240亩。资金扶持方面，在州委办、州移动公司等双联单位帮扶下，建立了村级产业发展互助社，筹集互助资金136万元，累计发放借款52户136万元；发放双联惠农贷款18户36万元；对4户规模养殖场发放双联贷款260万元，解决了融资难题。餐饮劳务输转方面，通过积极入户宣传动员，在充分征求和尊重群众意愿的基础上，开展群众意愿强烈的技能培训。截至目前，累计组织各类技能培训112人次，输转劳务89人，发展餐饮业3家，有意向发展13家。妇女刺绣方面，今年2月挂牌成立了布楞沟流域妇女技能培训基地，目前已经开展妇女培训5期，培训人数达150人次，布楞沟村妇女已经完成2万元的订单。今年计划争取10万元的订单，实现人均增收2500元。光伏发电方面，2016 年 8 月采取政府配套、企业垫资的形式，为新农村 56 户群众安装光伏发电设施。今年 3 月实现并网，每户群众年可增收 3000 元以上，持续收益 20 年。

四、狠抓植树造林工程，生态建设初见成效

2013—2014 年县里在布楞沟村完成造林 5750 亩；2015 年栽植以皇冠梨、花椒、包核杏为主的经济林 925 亩，户均 17 亩；2016 年完成退耕还林补植补栽 450 亩；2017 年栽植枸杞、软儿梨、啤特果、花椒、李子、包核杏等特色经济林 3100 亩，绿化美化新农村 5000 平方米，栽植各类苗木 10 万余株，埋设上水管网 5 公里，部分地段安装了喷灌设施，加强日常浇水管护，苗木成活率较高。如今，昔日贫瘠的荒山焕发出了新的生机。

五、狠抓内生动力激发，发展信心明显增强

随着基础设施条件的改善，富民产业的兴起，公共服务设施的建成使用，使世世代代生活在大山深处的布楞沟村贫困群众切身感受到了社会主义大家庭的温暖，看到了美好的生活前景，思想观念、精神面貌正在发生深刻变化。县里通过开展爱国主义教育、讲党课、学习习近平总书记系列重要讲话精神等活动，不断激发群众感恩、奋进精神，进一步增强了艰苦奋斗、自力更生脱贫致富奔小康的信心和决心。

六、发挥央企的帮扶作用，加强东西协作帮扶

内外结合，加强推进定点帮扶，积极争取项目支持。一是中石化集团公司投资 5460 万元，对布楞沟流域贫困群众在危房改造、产

业培育、道路建设等方面给予大力扶持，有效解决了民生困难。从2013年3月12日开工建设到5月15日通车，仅仅用了两个月时间，道路就通到了村民的家门口，方便了群众的生产生活，解决了该流域内2个乡、6个村5000多名群众的行路难问题。中石化帮扶援建，在短短两个月时间，能高质量、快节奏地把路修好，直接造福东乡族群众，一方面传达了党中央和习近平总书记对贫困地区的关心，另一方面也彰显了国有企业应有的责任和义务。二是厦门市湖里区和中石化集团共同援建的东乡县折红二级公路综合服务区项目。厦门市湖里区自2013年年底对口帮扶以来，先后帮扶资金1000万元，实施了便民大桥、道路硬化、幼儿园等一系列扶贫援建项目，极大地改善了当地群众的生产生活条件，进一步加快了脱贫致富步伐。

尽管布楞沟村扶贫开发取得了显著成效，但离习近平总书记"让贫困群众持续稳定增收，尽早脱贫过上小康生活"的指示要求相比，

▶ 新建成的学校

仍有一定的不足和差距，根据收入结构分析，主要表现在：一是工资性收入比重较大，在外务工岗位均为苦力劳动型岗位，属季节性、间断性务工，稳定性较差，直接影响家庭稳定收入；二是经营性收入比重较小，种植靠天吃饭局面没有根本改变，基础非常脆弱；三是转移性收入占比较高，主要是三、四类低保金和养老金；四是由于经济发展程度低，不存在土地流转、入股分红等经济形态，财产性收入渠道单一等。针对布楞沟村农民收入现状，东乡县正在推进农业供给侧结构性改革，着力从实现农民稳定就业、培育发展富民产业等方面入手，大力发展农村合作经济，有针对性地在劳务、养殖、林果、手工制作、餐饮农家乐等重点富民产业领域组建农民合作组织和行业协会，夯实稳定脱贫基础，加快小康建设步伐。

专家点评

扶贫开发已经到了关键阶段和攻坚阶段，剩下的贫困问题都是最难啃的硬骨头，必须以超常规、持续性和配套性的举措，以强烈的责任感和紧迫感，全力推进扶贫开发。2017 年 6 月 23 日，习近平总书记在山西省太原市主持召开深度贫困地区脱贫攻坚座谈会，集中研究破解深度贫困之策。总书记强调，我国脱贫攻坚任务仍然十分艰巨。现有贫困大多集中在深度贫困地区。这些地区多是革命老区、民族地区、边疆地区，基础设施和社会事业发展滞后，社会文明程度较低，生态环境脆弱，自然灾害频发，贫困人口占比和贫困发生率高，人均可支配收入低，集体经济薄弱，脱贫任务重，越往后脱贫成本越高、难度越大。

作为特困民族地区，东乡县布楞沟村推进精准扶贫、精准脱贫的实践，探索了深度贫困地区脱贫攻坚的路子。

一是明确扶贫的重点，在基础构建上下功夫。在基础设施建设上，实现村道硬化、安全饮水、户户通电、住无危房；在产业发展上，做到产业方向明确、产业技能提高；在持续发展能力上，抓好基础教育、职业技能培训、基本医疗、养老保险、公共服务，提升百姓的综合素质和幸福感。

二是帮扶上突出内外结合、合力攻坚。把激活内力、用好外力有机结合起来，最大限度地发挥群众主体和外力助推两个方面的作用。一方面要聚内功，整合力量，综合施策，不断增强脱贫致富的内生动力；另一方面要赢得国家层面的更多支持，积极借助外力，引导企业开展精准扶贫，不断增强扶贫开发的针对性和实效性。

对于贫困程度较其他地区更加深重，基础条件更差，改善基础设施成本更高，脱贫任务更重的民族地区、特困地区，应该给予更大投入和政策支持。正如习近平总书记指出的，脱贫攻坚本来就是一场硬仗，深度贫困地区脱贫攻坚更是这场硬仗中的硬仗，必须给予更加集中的支持，采取更加有效的举措，开展更加有力的工作。

5 以基层组织建设引领
精准脱贫

——湖南省花垣县十八洞村精准脱贫案例

湘西自治州是国家西部大开发、国家武陵山片区区域发展与扶贫攻坚先行先试地区和湖南省扶贫攻坚主战场。2013年11月3日,习近平总书记视察湘西州花垣县十八洞村首次提出了"精准扶贫"战略思想。习近平总书记在湖南湘西花垣县十八洞村与村干部、村民座谈时指出,要精准扶贫,切忌喊口号,也不要定好高骛远的目标。三件事要做实:一是发展生产要实事求是,二是要有基本公共保障,三是下一代要接受教育。习近平总书记考察调研十八洞村作出了"实事求是、因地制宜、分类指导、精准扶贫"重要指示,并提出十八洞模式要"可复制、可推广"六字原则和"不能搞特殊化,但不能没有变化"的十三字要求。

湖南省花垣县十八洞村位于湘西土家族苗族自治州花垣县排碧乡

▶ 升级改造后的十八洞村大门

西南部，是一个纯苗族村，也是典型的贫困村。全村共有 6 个村民小组，4 个自然寨，225 户 939 人，紧临吉茶高速、209 国道和 319 国道，距县城 34 公里，距矮寨大桥 8 公里，交通区位优势明显。村内有 18 个天然溶洞，故名为十八洞村。

为了贯彻落实习近平总书记的指示，十八洞村党支部以建强党组织为核心，充分发挥党组织领导作用和教育引领、组织保障等优势，带领群众在脱贫攻坚战中攻城拔寨、啃"硬骨头"，探索出享誉全国的精准扶贫"十八洞模式"。2016 年，根据年初全州经济工作会议关于打造十八洞村升级版的工作部署，在县委、县政府的正确领导下，十八洞村强化措施，齐心协力，奋力脱贫，取得了显著的成效。全村人均纯收入由 2013 年的 1668 元增加到 2015 年的 3580 元，2016 年增加到 8313 元。全村贫困户 136 户 533 人，其中 2014 年已有 9 户 46 人脱贫，2015 年已有 52 户 223 人脱贫，2016 年脱贫 75 户 264 人，全村实现稳定脱贫摘帽，提前退出贫困村行列。荣获"全国先进基层党组织""全国第三批宜居村寨""湖南省美丽少数民族特色村寨""湖南省文明村""湖南省法制工作示范村"等十多项荣誉，被《人民日报》、中央电视台等 10 多家主流媒体多次报道。

主要做法

一、强筋健骨，筑牢脱贫攻坚领导核心

针对过去班子软弱的问题，狠抓队伍建设，建强脱贫攻坚的战斗堡垒。一是注重"补血足劲"。派出 5 名会讲苗语的党员作为驻村工作队队员，并选派第一支书长年驻村开展帮扶，工作队长、第一支书党组织关系下转到村党支部，全力支持两委班子开展工作。二是注重

"换血健身"。在村委换届选举中推行"两述两评"制度，真正把讲政治、有文化、"双带"能力强、群众信任的能人选进班子，并创新增设建制专干和主干助理。通过竞争上岗，班子得到"换血"，3名产业带头人、1名大学生村官成为村主干，能人当上主干助理，结构全面优化。三是注重"舒筋活脉"。在农民合作组织、产业链、村寨网格上建立党小组，推选4名支委成员担任村苗绣公司等新经济组织责任人，使党组织的触角在村级经济发展、公益事业、治安维稳等领域全方位覆盖，强化基层党组织的领导核心和政治引领作用。四是注重"造血强体"。突破人多地少瓶颈，探索"飞地经济"的村级集体经济发展模式，与花垣县苗汉子野生蔬菜公司签订合同，在外乡流转土地1000亩，规模发展猕猴桃产业，总经济效益达2.85亿元以上，村级集体经济年收入达5万元，使村级党组织有能力、有保障为党员群众提供更优质的服务。村民对"村支两委"的满意率由68%上升到98%。5名本村的退休干部、教师自愿回村参与精准扶贫。3位致富能人打破"自顾自"思想，放弃高薪回村担任村主干，通过强筋健骨，增强了党支部的存在感、党员的归属感和群众的获得感。

二、搭建载体，在脱贫一线彰显党员作用

针对过去党员涣散的问题，紧密结合脱贫攻坚各项工作，对党员分类管理、设岗定责，推行承诺兑现制、绩效考核制、坐班服务制、代访代办制、结对帮扶制、群众评议制"六制"工作法，激发党员的先锋模范作用。引导民主议事。创新"六议两公开"民主决策机制，就村级脱贫攻坚发展重大事项，在"四议两公开"的基础上，增加"党员与群众协议"和"群众事后评议"环节，使党员人人成为脱贫攻坚的"战士"，带领群众建言献策，啃"硬骨头"。通过党员引

导民主议事，明确"7 道程序"、"9 个不评"的精准识别标准，识别
出贫困户 136 户 542 人。同时，为村民有效解决了脱贫攻坚中土地流
转、占田占地、产业建设等难题 120 多个，矛盾纠纷发生率较 2012
年减少 86%。坐班代办服务。在村部成立党员服务中心，党员干部轮
流坐班，按照"统一受理＋归纳分类＋集中代办"的"三合一"代访
代办模式，接待来访群众，限时办理村民诉求事项。70 多岁的老人龙
爬满身体不便，为办理养老保险，她对照民情联系卡打了服务电话，
村主任施进兰很快就上门来了，一帮到底帮老人办好了相关手续。村
民隆兴齐外出打工，家中只有年过七旬的老母亲，党员龙太金了解情
况后，经常上门看望老人，并从他家流转土地 5 块共 3.22 亩种植猕猴
桃，流转租金让老人有了更稳定的生活开支。带头创业致富。23 名党
员带领村民，在村里首推"产业发展股份合作制"，按照"公司＋合
作社＋党员＋村支两委＋村民"的模式，引导村民入股创业、按股分
红，光是猕猴桃产业，在盛果期，入股贫困户人均分红达 5000 元以
上。通过党员带动，认真推行小额贴息信贷，120 多名农民工回乡创
业，30 多位单身汉由懒惰变勤劳，开始发展农家乐、稻田养鱼等产业。

三、组织引领，突破脱贫攻坚发展瓶颈

针对思维方式僵化、主导产业薄弱、经济组织空壳等问题，结合
全县"三级联创"，创建引领村级经济发展的"五好党支部"。开展结
对帮扶。党员干部一对一联系 136 户精准扶贫户，每人联系 5 户贫困
户不等，把党的温暖带进贫困户家中，定期深入贫困户家中调查了解
情况，帮助贫困户解决实际困难和问题。现在进村道路升级改造和机
耕道等公益建设的群众纷纷无偿让出土地，并涌现出了龙拔二、隆兴
刚、杨五玉、隆会等一批拾金不昧、见义勇为、助人为乐的先进事迹。

引领经济组织。通过田间讲座、"互联网+"等形式，引导村民在淘宝网注册电子商务平台，将村里的苗族织锦、苗绣屏风、苗家腊肉等特色产品进行网上销售，并成立苗绣、养殖等8家合作社，引导村民"抱团脱贫"。吉首"金毕果"等3家服装公司，就苗绣产业采取"订单扶贫"模式，使贫困村民人均月增收1500元以上。创新发展理念。两年多来，顶住资金紧缺、军师众多和群众不理解等多重压力，坚持按照"投入少、见效快、原生态"的总基调，确立了"人与自然和谐相处，建设与原生态协调统一，建筑与民族特色完善结合"建设总原则，以"把农村建设得更像农村，使天更蓝、山更绿、水更清、村更古、人更美、情更浓"为理念，以打造"中国最美农村"，实现"鸟儿回来了、鱼儿回来了、虫儿回来了、打工的人儿回来了、外面的人儿来了"的目标，一步一个脚印，认真开展水、电、路改造、农村"五改"和公

▶ 花垣十八洞村苗绣合作社

共服务设施建设，改善村民生活环境。发挥本村山、洞、瀑、溪、雾、谷等自然景观和习近平总书记前来调研的影响力优势，引导村民发展红色旅游和乡村休闲旅游。成立十八洞村游苗寨文化传媒有限责任公司，引领村民创办了6家苗族文化元素农家乐。同时通过电商平台、113工程荣誉村民大营销等模式推动经济发展。目前，每月来村旅游的人数达25000人以上。

四、树立新风，凝聚人心和发展力量

强化思想建设。针对村民存在严重"等、靠、要"的依赖思想，村支两委坚持扶贫先扶志，把思想建设放在所有工作的首位抓，组织召开群众代表大会，把党的惠民政策讲深讲透，家喻户晓，并提升了"投入有限、民力无穷、自力更生、建设家园"的十八洞精神，鼓

▶ 开展道德讲堂，用身边的故事感化身边的人

励群众充分依靠自身力量脱贫致富。围绕助人为乐、团结互助、遵纪守法等内容,开展道德讲堂 15 次,讲述身边道德模范事迹 18 人次。组织道德评比,评选星级农户和星级村民等活动。村民施全友通过参与星级评比活动后,带着从重庆嫁过来的媳妇带头开起了农家乐,在他的带领下,8 户村民纷纷办起了农家乐。营造发展氛围。各级媒体宣传村里先进模范个人 12 人次,组织表彰会议 6 次,开展民风民俗、道德礼仪、民族文化、先锋模范精神等宣传活动 16 次。近两年,村里先后涌现出火车轮下救人、拾金不昧助人、孝老爱亲敬人等先进典型人物 8 人,央视两次五集连播《十八洞村扶贫故事》并有三集是头条新闻。创新扶贫模式。针对当前十八洞村有 40 多个 35 岁以上大龄未婚青年找不到对象的实际,创新工作方法,想青年之所想,急青年之所急,在村里举行了两期以"相约十八洞,牵手奔小康"为主题的相亲活动,40 多个大龄男青年成功脱单 8 人。积极与县农村商业银行对接、合作,试点金融扶贫模式,认真调查摸底贫困农户发展致富产业意愿,发放小额贴息信贷,解决贫困农户发展产业面临的资金瓶颈问题。盘活文化资源。争取部门、团体支持,举办过苗年、"113纪念"、"你是大姐"主题画展、微电影《寂寨》开机仪式、歌咏、跳舞、小品、苗鼓等丰富多彩的文化活动 20 多次,统一群众思想,改写过去"村合心不合"的历史。引进文化艺人、企业法人、产业强人、技术能人等 260 多人。配合词曲家创作《不知该怎么称呼你》,编写《十八洞的月光》苗歌等,表达对习近平总书记的真挚感谢之情和增强加快脱贫实现小康的信心。村民道德素质在各种文化活动中得到激发,现在的十八洞村,产业发展蓬勃向上,党员群众干劲十足,党旗红遍希望的田野,勤劳的十八洞村人民与村支部一起正在谱写一曲精准脱贫的交响乐章。

 第二届"相约十八洞，牵手奔小康"相亲活动

通过两年多的精准探索、精准实践，十八洞村精准扶贫、精准脱贫经验基本成型。在村党支部的坚强领导下，全村 2016 年底全面实现脱贫完成脱贫摘帽工作任务。

专家点评

十八洞村是湖南省湘西州花垣县的一个苗族贫困县，是习近平总书记提出精准扶贫的地方，该村近几年发展很快，变化很大，全村的人均纯收入从 2013 年的 1668 元增加到 2016 年的 8313 元。横向比较，各方面对该村的投入并不是很大，十八洞村主要依靠自己的力量走出了一条精准扶贫的好路子。

一是思想工作永远在路上。通过两年多的思想建设，十八洞村群众从思想上得到了很大的转变，在精准扶贫、精准脱贫工作中群众积极拥护并唱主角，但仍有部分群众思想转不过弯，时常出现反差。体现在村公益事业建设上，仍有个别群众不积极支持配合；在脱贫环节上，少部分群众总误认为脱贫要国家层面投入才算等。抓好群众的思想建设任重道远。

二是找准贫穷的病根是基础。推选贫困户是一门学问，推选不好，往往会出现上访、闹事等情况。在十八洞村贫困户识别上十分注重民主集中制原则，即通过设置"三榜三审九不评"条件，让群众民主推选，最后根据群众推选得票情况，由县、乡、村三级综合评审确定，既得民心，又把实际困难的农户识别上。

三是派出精干力量住村是关键。很多扶贫干部派下去了，干劲十足，但往往是埋头苦干，缺乏巧干精神，结果是费力不讨好。十八洞村派出县直相关职能部门有实干精神且通民风民俗和精通地方语言的后备干部当精准扶贫工作队员，这些工作队员都有农村工作经验，开展工作得心应手，很快就能进入角色。

四是坚持科学发展理念是方向。十八洞村是各级各部门和领导关心关注的焦点，前来调研指导的领导众多，提的建设发展理念和工作思路众说纷纭，而在一线的工作队是最难做、最难抉择的，来指导的都是上级领导，到底听从谁的理念、谁的思路？为解决这个问题，工作队外出考察学习，并邀请了国家住建部专家上门指导，得出正确的发展理念后，坚定不移抓到底，上级有个别领导不理解的，工作队顶住压力一步步影响领导的决策和安排，最终按照既定的建设发展理念去开发、去建设、去发展。

6

从"兰考之问"到
"兰考之变"
——河南省兰考县精准扶贫案例

1966年2月7日，《人民日报》发表长篇通讯《县委书记的好榜样——焦裕禄》和社论《向毛泽东同志的好学生——焦裕禄同志学习》；2月8日至15日，中共中央农村政治部、解放军总政治部、全国总工会、共青团中央和地方各级党委先后发出《向焦裕禄学习》的通知。全国掀起了向焦裕禄学习的热潮。随之，兰考，这片饱受风沙、内涝、盐碱"三害"肆虐的贫困土地也广为人知。改革开放后，兰考的"三害"虽得到了治理，但经济发展一直缓慢，长时间摘不掉贫困的帽子。

2014年3月、2014年5月，党的群众路线教育实践活动中，习

▶ 工人在废弃物处理基地拆装车间内拆解废旧家电

近平总书记两次来到兰考。他说:"我之所以选择兰考作为联系点,一个重要考虑就是因为兰考是焦裕禄同志工作和生活过的地方,是焦裕禄精神的发源地。我希望通过学习焦裕禄精神,为推进党和人民事业发展、实现中华民族伟大复兴的中国梦提供强大正能量。"习近平总书记参加了一场别开生面的民主生活会,在那场民主生活会上,时任县委书记王新军提出了闻名全国的"兰考之问"——守着焦裕禄精神这笔财富 50 年了,为什么兰考至今还戴着贫困县的帽子。

兰考县委、县政府经慎重研究,郑重提出了"三年脱贫,七年小康"的奋斗目标。通过党的群众路线教育实践活动,在脱贫攻坚实践中,80 多万兰考人民奋力脱贫。2017 年 3 月 27 日,经国务院扶贫开发领导小组审定,河南省政府批准,兰考县正式退出贫困县,成为全国首批、河南省第一个实现脱贫摘帽的国家级贫困县。"改变兰考贫困的面貌,让百姓过上好日子。"这是 54 年前焦裕禄为之拼搏的愿望,今天,这个愿望终于初步实现了。在全面脱贫攻坚的伟大征程中,兰考率先摘掉贫困县帽子,意义深远。

主要做法

一、督查贯彻始终,确保脱贫实效

2015 年,兰考组建了县委、县政府督查局,负责对扶贫全过程进行督查,尝试了"陪伴式"督查新模式。今年以来,兰考县已经对脱贫工作进行了三次暗访式、拉网式的督查活动,对督查发现的共性、个性和突出问题,建立台账,逐项交办,限期整改。4 月,在精准识别"回头看"的工作中,县督察局、扶贫办边识别、边督查、边反馈、边整改,确保贫困对象精准、扶贫工作有效。特别是对县委、县政府先后制定出台的《脱贫攻坚提升工程实施方案》《脱贫攻坚精准帮扶实施方案》《脱贫百日攻坚实施方案》《县级领导联系贫困村制度》《脱贫攻坚八项纪律》《驻村工作队派出单位一把手职责》，进行全方位、无缝隙督导，保证了脱贫攻坚工作扎实有效。另外，兰考县脱贫攻坚领导小组不定期开展明察暗访，重点检查驻村队员考勤、脱贫规划制定、工作台账推进等情况，确保每名驻村干部在农村住得下、干得好、有发展。同时，兰考建立驻村帮扶系统和督查系统相互印证机制。2017年3月中下旬，兰考县委、县政府督查局组织170人，派出11个督查调研组，用13天时间对全县16个乡镇（街道）脱贫攻坚工作进行了专项督查调研。对督查调研中发现的个性问题逐事逐人交办、共性问题专项整治，6月底将督查调研中发现的问题全部解决到位。

▶ 扶贫办对仪封乡一户一档填写情况进行检查指导

二、建立"一户一档",实现贫困档案标准化

为了确保扶贫攻坚的精准化和有效性,兰考县以"六个精准"为导向,推动村级档案标准化建设。为每个贫困户建立了标准化的档案,一户一个编号、一户一个档案,档案内有扶贫手册、贫困户信息及帮扶情况等 11 项内容,细化了贫困户各项信息指标,记录了对贫困户的帮扶措施、成效及脱贫过程,实现"一户一档"。通过档案系统化、标准化,有效地解决了 2014 年建档立卡时对象识别不准、贫困户信息不全、帮扶措施不精等问题,确保了因户施策、精准脱贫"不落一户,不少一人"。

三、健全体制机制,强化驻村力量

为使驻村工作扎实有序开展,确保帮扶工作人员真蹲实住、真帮实扶,县里对驻村帮扶工作实施严格管理,注重加强对帮扶人员的业务技能培训,提升帮扶干部开展扶贫工作的能力和素质。兰考先后出台《驻村扶贫工作管理办法》《驻村扶贫工作考核办法》,要求驻村工作期间建立驻村工作台账,实行销号制;还印制了《驻村工作指南》《精准扶贫应知应会》等,指导工作队员有序开展驻村工作。工作队在乡镇(街道)党委的领导下配合村"两委"开展工作,队员是代表,单位是后盾,一把手负总责。2014 年,县里成立了驻村扶贫工作领导小组,实行县级领导分包乡镇(街道)、科级干部当队长、科级后备干部当队员的驻村帮扶机制。从县乡两级选派 345 名优秀干部,调整充实 115 个驻村扶贫工作队,派驻到全县 115 个贫困村;今年又从各乡镇(街道)明确 335 名优秀干部入驻非贫困村,专职从事基层党建和扶贫工作,按照对驻村工作队员的要求对其进行管理和考

▶ 召开兰考县脱贫攻坚精准帮扶推进会

核，实现所有行政村驻村帮扶工作全覆盖，确保每个贫困村都有帮扶工作队、每个贫困户都有帮扶责任人，村村有脱贫规划、户户有脱贫措施，切实做到不脱贫、不脱钩，不拔穷根，不撤队伍。

四、针对"穷根"开"药方"，精准施策助脱贫

脱贫攻坚成效在于精准施策。只有针对农户致贫的原因开出脱贫的"药方"，才能治愈"穷病"奔向小康。为此，兰考县针对贫困户致贫的不同原因，因村因户制宜地制定了 12 项精准帮扶政策，大大提高了扶贫成效。

对已脱贫户，实施保险、产业扶贫、外出务工补助、大学生补贴、危房改造、雨露计划 6 项政策，确保其收入稳定不返贫。对这类群体，以产业扶贫为突破口，配套"三位一体""四位一体""信用等

级评定"授信等多项金融措施，助力其尽快脱贫致富奔小康。

对未脱贫户中的一般贫困户，除落实以上 6 项政策外，增加了医疗救助、中小学教育救助、光伏扶贫 3 项新政策，确保该类贫困户不会因学、因病再返贫。

对兜底的贫困户，除落实以上 9 项政策外，新增兜底人员全部纳入低保，60 岁以下人员给予临时救助，人均土地不足 1 亩按每亩收益 500 元差额补助等 3 项政策，确保底兜得住。

五、探索多种扶贫模式，提升贫困户生活品质

兰考县双管齐下，既探索多种扶贫新方式，增加贫困户的收入，又实施精神文明工程，改变贫困户的精神风貌。金融扶贫与产业扶贫是两种主要的扶贫方式。

政府搭台金融助力推进金融扶贫。在中国证监会的指导下，兰考县探索建立"三位一体"的金融扶贫模式，即：将财政扶贫资金作为风险补偿金存入银行，银行扩大 10 倍按基准利率放贷给企业，支持企业发展；同时企业拿出贷款额的 10% 作为扶贫资金，交乡镇政府用于扶持贫困户，实现政府、银行、企业、贫困户"四赢"。

在解决了"扶持谁""谁来扶""怎么扶"等问题后，各项扶贫措施开始落实到操作层面。此时，无论是发展个体种养殖还是推动大规模的产业发展，都需要稳定的资金支持。为发挥金融杠杆的撬动作用，破解脱贫攻坚过程中的资金难题，兰考县先后成立了兴工、城投、工投、农投、畜投、文投、水投 7 个融资平台，组建了兰瑞、金鼎 2 个担保公司，组建 PPP 中心等，让政府借力金融的能力显著提升。基于此，政策性银行率先找到了信贷发力的着力点，为兰考脱贫攻坚在基础设施层面打好基础。

为了让各类金融机构能够将信贷资金投放到脱贫攻坚的相关领域和产业上，兰考县政府在多次研究后，探索建立"三位一体""四位一体"等金融扶贫模式。通过政府出资设立风险补偿金，引入保险管控风险等手段，鼓励银行业金融机构简化贷款审批流程，降低门槛，更好地为脱贫攻坚提供金融支持。

构建县域支柱产业，推进产业扶贫。引进了格林美、晓鸣禽业等上市公司，构建县域支柱产业，创造就业岗位、增大县级财力、带动农户发展经济。还探索建立市场化扶贫机制，拟设立市场化运作的扶贫产业投资基金，重点投向县域扶贫产业，促进县域经济转型升级。

六、树立正确导向，激发扶贫动力

建立鼓励党员干部献身扶贫工作的激励机制。一是大张旗鼓地表彰和提拔在扶贫攻坚中进行开创性工作的好干部。先后评选表彰了70名"驻村工作标兵"；提拔使用驻村工作队员和一线扶贫干部95人（次），充实到乡镇班子中，不但鼓舞了士气，更激发了一线干部

▶ 兰考县惠安街道何寨村梨园喜获丰收

的工作动力。二是建立干部绩酬考评机制。将村干部报酬从每人每月"300、400、500"元提高到"900、1200、1500"元；对离任村党支部书记生活补贴标准提高50%。同时，选派335名优秀乡镇干部入驻非贫困村，专职从事基层党建和扶贫工作，有效增强了村级班子战斗力。

建立基层组织的表彰机制。学习焦裕禄同志当年树立"四面红旗"的做法，在全县农村党组织中开展以争创"脱贫攻坚红旗村""基层党建红旗村""产业发展红旗村""美丽村庄红旗村"为主要内容的重树"四面红旗"、全面加强基层党组织建设活动，评选表彰两批69个"红旗村"，对"红旗村"给荣誉、给待遇，充分调动了基层党组织当先进、立标杆的积极性和主动性。

建立"脱贫光荣"的导向机制。随着政策扶持力度的不断加大，有些贫困户不愿意脱贫、不认账。兰考县尝试采用利用"晚间会"的时间召开宣讲会、编唱"扶贫政策七字歌"等多种形式，破解难题，让脱贫户由原来的"被动认账"慢慢转向"主动算账"。例如：葡萄架乡何庄村，利用"晚间会"以村民小组为单位开展"政策宣讲暨脱贫示范户评选会"，已脱贫户通过讲述自身进出贫困户的时间、程序、扶贫政策、自身享受到何项政策、怎样脱的贫、算清脱贫账，并通过投票评出10户"脱贫示范户"，颁发奖牌和奖品，每户"脱贫示范户"选择一户未脱贫户结对帮扶，未脱贫户则必须选择一个增收致富项目。

专家点评

兰考县是习近平总书记第二批党的群众路线教育实践活动的联系点，也是全国闻名的贫困县。当年，兰考县委书记焦裕禄，带领兰考干部群众治穷治贫，为全国做出了榜样。今天为了实现"率先脱贫，探路示范"的目标，从"兰考之问"到"兰考之变"，积极探索扶贫攻坚的新路径。

兰考是贫穷县的代表，也是脱贫攻坚的典范，几年来精准扶贫成效显著，得益于大胆创新、积极尝试，构建精准扶贫的长效机制。

一是创建了完善的全程督查机制。扶贫攻坚的关键在扶贫措施的精准、问题反馈的及时、扶贫政策的落地。兰考县建立督查系统，通过暗访明访、跟踪调查、突击检查等多种形式的稽查、监督，保证了扶贫攻坚的精准性、信息反馈的及时性、工作成效的真实性，切实保障了精准扶贫工程的高效率和高质量。

二是构建了健全的激励机制。扶贫攻坚是一项系统工程，需要各路人马齐抓共管，撸起袖子加油干。所以，调动人的扶贫和脱贫积极性是关键。兰考县继承了焦裕禄同志的工作方法，把调动广大干部及贫困群众的积极性放到极为重要的位置，建立了完善的激励机制，全面激励党员干部动脑筋干扶贫，尤其是激励工作在一线的村干部投身扶贫工作。同时，也鼓励贫困人口不是"被扶贫"，而是"要脱贫"，大力营造"脱贫光荣"的社会氛围，激发贫困人口的内在脱贫致富、奔小康的动力。

兰考县的上述做法，继承了党走群众路线的光荣传统，把扶贫攻坚转变为脱贫致富，带领广大党员干部群众，打一场精准扶贫的"人民战争"。

7

传承红色基因再创
脱贫佳绩
——安徽省六安市金寨县精准扶贫案例

安徽省金寨县坐落在大别山中，68 万人口，土地资源匮乏，"八山半水半分田，一分道路和庄园"是其真实的写照。由于自然环境和经济区位的原因，金寨县长期经济社会发展缓慢，是国家级首批重点贫困县和大别山片区扶贫攻坚重点县。这里也是著名的红色老区，在革命战争年代，10 万金寨儿女为国捐躯，诞生了 11 支中国工农红军，走出了 59 位开国将军，被誉为"红军的摇篮、将军的故乡"，是中国革命的重要策源地、人民军队的重要发源地。新中国建设时期，为彻底治理淮河水患，境内修建治淮骨干工程——梅山、响洪甸两大水库，淹没 10 万亩良田、14 万亩经济林和 3 大经济重镇，移民 10 万人，做出重大牺牲。在这块 3814 平方公里的热土上，金寨人民过去创造了奇迹。目前，在精准扶贫的大潮中，县委、县政府正在带领金寨人民再创脱贫致富、奔小康的新历史。

▶ 大数据助力精准扶贫

2016 年 4 月 24 日至 25 日，习近平总书记深入金寨视察指导，就传承红色基因、老区脱贫攻坚等作出重要指示，发表了"全面建成小康社会，一个不能少，特别是不能忘了老

区"的重要讲话。金寨县委、县政府积极贯彻落实总书记的指示，以脱贫攻坚统揽经济社会发展全局，把脱贫攻坚作为最大的政治、最大的民生、最大的责任，因地制宜地制定了"3115"脱贫攻坚规划蓝图和 35 个部门配套实施方案，坚持精准施策、精准发力，通过实施十大到村脱贫工程和十大到户脱贫措施，当年完成脱贫 4729 户 18288 人，实现了脱贫攻坚首战首胜。

主要做法

金寨县始终把探索适合本地发展的扶贫开发道路放在首要的位置，30 多年坚持不懈，取得了显著的成效，五年脱贫 12.88 万人。但是，金寨人知道精准扶贫仍在路上，截至 2016 年底，全县仍有贫困人口 6.64 万人，贫困发生率还在 11.2%，是安徽省贫困人口较多的县，还需要撸起袖子加油干。

一、以精准界定脱贫

按照"该进入的全部进入，该退出的全部退出"的原则，组织县乡村三级干部逐户调查，民主评议，张榜公布，精准核定贫困户，做到一户不漏、一户不错、一户不假；自主创建全县"精准扶贫大数据平台"系统，把全县贫困人口各类信息记录在档，实现了贫困户情、帮扶措施等信息的动态监测，做到了帮扶项目、资金到户等内容的无缝对接，保证了脱贫决策、攻坚效果的有数可查、有据可依。同时积极探索建立了贫困户动态调整县乡村"三级"评估核查办法，有力保障了贫困对象的精准识别和精准脱贫。

二、以就业加快脱贫

为帮助贫困家庭加快脱贫步伐，金寨县委、县政府将2017年确定为产业和就业"两业脱贫攻坚年"，按照"乡村摸底劳力资源、人社部门牵线搭桥、园区提供就业岗位、职业学校就业培训"的模式，为全县有劳动能力和劳动意愿的贫困人口提供企业就业岗位，消灭"零就业"贫困家庭，实现"一人就业、全家脱贫"；同时积极拓宽就业渠道，创新开发公益林护林员、美丽乡村保洁员、河道管护员等农业就业岗位，让贫困劳动力就地就近就业。全县已专门面向贫困人口选聘2570人担任公益林护林员，每人每年实现稳定增收6000元。

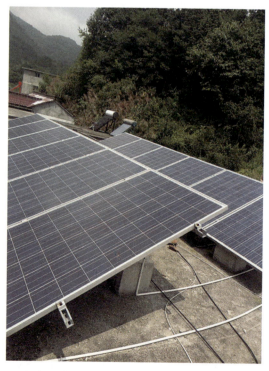

▶ 金寨县沙河乡梓树村贫困户家的光伏发电板

三、以产业支撑脱贫

重点围绕茶叶、中药材、黑毛猪养殖、高山蔬菜等县域八大支柱产业，县委、县政府加大产业发展和扶持力度，通过奖补政策和市场培育，建基地、育龙头、抓品牌，按照"长短结合、以短为主、以短促长"的发展思路，着力打造"以大带小"的产业发展模式，努力构建

"一村一品、一乡一业"的产业模式，确保每一户贫困户都有大户、企业带动的长效产业和贫困户自我发展的短线产业。

四、以改革推动脱贫

紧紧抓住国家级、省级改革试点的重大机遇，将发展改革与脱贫攻坚工作有机结合起来，向改革要红利，以改革注动力。在推进全国光伏扶贫试点工作中，不断探索创新扶贫模式，引入金融资金和社会资金，推出了"分布式"、"集成式"、"集中式"光伏建设模式，光伏扶贫得到社会各界广泛认可，成功经验已写入中央文件，拉开了全国光伏扶贫热潮。全县 7803 户贫困户建成了 3 千瓦分布式光伏扶贫电站，218 个村建成了 60 千瓦村集体集中式光伏电站，23 个乡镇建成了 1.5 万千瓦集成式光伏电站，每年实现贫困户年增收 3000 元以上，村集体年增收 6 万元以上。创新推出"集成式光伏电站＋贫困户"入股分红模式，扶贫收益按照贫困程度虚拟分配到户，实现贫困户动态、持续、可调整，推进实施"村级光伏电站扩容工程"，村集体经济收入达到 10 万元以上。金寨县沙河乡梓树村贫困户吴孔洲，家有 4 口人，本人瘫痪，母亲上肢残疾，儿子在安徽纺织职业技术学院读书，一家生活的重担全部落在了妻子詹恒玉一个人的肩上。通过乡村评议为低保户，鼓励每年喂养黑毛猪 2 头，并为其建了 3 千瓦分布式光伏发电站，自 2014 年 6 月 17 日并网发电以来，累计发电 9200 余度，发电收入 9200 元，发电年增收 3000 多元。

五、以金融支持脱贫

以开展农村金融改革试点为契机，发挥金融扶贫杠杆作用，"激活经济、助推扶贫、促进发展"。创新贫困户"小额贷款＋资金补贴"

扶贫模式，对有发展能力的贫困户，发放扶贫小额贷款，并按贷款额的20%配套无偿扶贫资金，2016年发放贷款1192.5万元，扶持1193户贫困户直接发展产业。金寨县关庙乡银山村秦河组贫困户朱万富利用1万元扶贫小额贷款，订购了5000元的黑乌鸡苗，购买了2000余元鸡饲料及鸡药，建设了新鸡舍。通过2个多月精心饲养，300只黑乌鸡全部出栏，当年一季获利3.5万元；创新"大户产业＋分红入股"扶贫模式，建立大户与贫困户利益联结机制，通过向125个经营主体发放8235万元扶贫小额贷款，在支持能人大户发展的同时，带动1647户贫困户分红增收2000元。

六、以旅游带动脱贫

依托丰富的红色和绿色旅游资源，大力发展乡村旅游，创新推行

▶ 授牌的农家乐大门

农家小院"1+N"扶贫模式，推动旅游企业、农家小院等乡村旅游主体与贫困户"捆绑"，通过旅游经营主体带动就业、购买贫困户农产品等办法，让贫困户积极参与旅游业发展。2016年，共接待游客754万人次、创综合收入30.1亿元，分别增长15.2%、15%；授牌农家小院达230家，20万人吃上了"旅游饭"，每年1000余户贫困户依靠旅游实现脱贫。金寨县燕子河镇大峡谷村贫困户张家胜，通过利用大峡谷旅游资源，开办了自然农家小院，发展农家特色餐饮业，以山珍野菜、绿色菜园为特色，开发大别山特色吊锅、喜庆"十大碗"等特色餐饮，一举摆脱了贫困。该村贫困户汪锦云、汪庆波等20户贫困户也相继通过参与旅游产业摆脱了贫困。

七、以搬迁促进脱贫

针对山区生产条件恶劣、基础设施薄弱的问题，坚持把改善贫困群众居住条件、完善基础设施建设作为提升脱贫攻坚支撑力的关键，加大资金整合幅度，加大政策叠加力度，大力实施了易地扶贫搬迁工程，着力改善贫困群众生活、生产条件。2016年，县委、县政府把易地扶贫搬迁作为消除贫困的重要途径，作为脱贫攻坚的"第一仗"、"当头炮"，整合资源、叠加政策、强力推进，全年建成易地扶贫搬迁安置点310处，搬迁群众9426户35192人，其中贫困人口5267户19036人，让符合条件和有搬迁意愿的群众实现应搬尽搬，彻底通过易地扶贫搬迁实现"挪穷窝"、能致富，一年内完成了省里下达的三年搬迁任务。花石乡大湾村大湾组贫困户陈泽申是一名老退伍军人，儿子在2005年意外猝亡，儿媳改嫁，孙子就读于安徽涉外经济学院，爷孙两人在地处偏僻、交通不便的深山区生活，家庭十分困难。通过易地扶贫搬迁，叠加贫困户易地搬迁补助、移民搬迁补助、农村宅基地改革试点、危房改造等政策，该户获得搬迁政策性补助 18.4 万元，除去建房成本外，还有数万元节余，目前已经乔迁新居。此外在搬迁后，县里还解决了教育、医疗、产业等方面的后顾之忧，代缴了医疗保险，申报获得教育助学贷款 8000元、希望工程资助 5000 元，帮助建设 3 千瓦分布式光伏扶贫电站，帮助发展山羊养殖 10 只，帮助流转茶园 3 亩发展茶叶生产。通过一系列综合措施，让陈泽申户搬得出、稳得住、能致富，有望在 2017年实现脱贫。

八、以"兜底"保障脱贫

因病致贫、因学致贫是金寨县农村家庭造成贫困的主要原因。针对因病致贫问题，县委、县政府创新出台《金寨县建档立卡农村

▶ 贫困户在金寨县贫困人口医疗补充保险受理窗口办理手续

贫困人口医疗补充保险试点方案》，由县财政拿出 4000 多万元，为全县 8.43 万农村贫困人口，统一购买每人 500 元的合作医疗补充保险，对贫困户看病支出超出合作医疗报销的部分，全面落实了省健康脱贫兜底"351"政策和建档立卡贫困患者慢性病费用补充医疗保障"180"工程，基本实现了"贫困户免费医疗"。针对因学致贫问题，县委、县政府加大对贫困家庭子女教育的资助力度，先后对各类教育阶段的贫困家庭实施了助学和救助工程。2016 年对 29328 名幼儿、小学生、初中生、高中生、中职学生给予教育补助 4472.73万元，5159 名大学生申请了 3955 万元生源地信用助学贷款，决不让贫困家庭因教返贫。

2017 年，金寨县委、县政府将继续落实习近平总书记脱贫攻坚战略思想，靶向扶贫，强力攻坚，综合开发，打赢脱贫攻坚战。

安徽省金寨县有三个名片——大别山中的贫困县、红色将军县、水库移民搬迁县。从历史到如今，金寨县都是一个为国家和民族牺牲小我成就大我的贡献县。金寨人民在县委和政府的领导下，坚持不懈，勇于创新，找到了一条脱贫致富的道路。尤其是，习近平总书记亲临金寨视察并做了重要讲话，极大地调动了金寨党员干部和群众打赢扶贫攻坚战的积极性，提高了精准扶贫的效率。

金寨扶贫开发，做好了三篇文章：

一是做好"绿色"文章。地处大别山区的金寨，绿色资源丰富，有发展绿色产业的地利，加上市场消费升级，名优产品需求增长的天时，有了绿色资源资本化、产业化的机会。这几年，金寨光伏发电、创新名优产品、做大绿色产业，干得风生水起，形成茶叶、中药材、黑毛猪养殖、高山蔬菜等八大支柱产业，创造大量就业岗位、增加农民可支配收入。

二是做好"红色"文章。在革命历史长河中，金寨是有特殊地位的地区，创造了多个第一。比如，第一支革命军队，最多红色将军、红色军队等，红色历史文化资源众多，以红色文化旅游产业为龙头，以绿色农家游为基础，形成"红""绿"结合的新型文化旅游产业，是金寨的另一特色。

三是做好"改革"文章。县里整合精准扶贫试点的各种政策，创新扶贫新机制，尽可能放大扶贫的政策效应。例如，利用全国光伏扶贫试点的机会，探索光伏扶贫新模式，大胆引入社会资金，推动"分布式""集成式""集中式"光伏建设模式，取得显著成效。光伏扶贫得到社会的广泛认可，其成功经验已写入中央文件。向改革要红利、向改革要动力、向改革要机制，是金寨人扶贫开发的心得。

8

强化责任担当助力
脱贫攻坚
——甘肃省华池县精准扶贫案例

　　华池县位于甘肃省最东部，是革命老区县、国扶贫困县，全县土地面积 3791 平方公里，辖 6 镇 9 乡 111 个行政村，总人口 13.59 万人，其中农业人口 11.51 万人，城镇化率 36.8%，森林覆盖率 29.3%。因地理条件限制，华池县山大沟深，人口居住分散，道路通畅率低，基础设施建设滞后，资源利用率低，生产力原始落后，是六盘山片区国扶贫困县，也是国家最早确认的甘肃省 18 个干旱困难县之一，全县人口 13.59 万人，农业人口占到 11.51 万人，其中贫困村 56 个，占 111 个行政村的 50.5%，贫困人口 7283 户 2.78 万人，贫困面达 24.2%。

　　20 世纪 30 年代，中国共产党老一辈领导人刘志丹、谢子长、习

▶ 乡村清洁服务队

仲勋等创建了以华池县南梁地区为中心的陕甘边革命根据地，该根据地成为红军长征到达陕北延安途中的落脚点和八路军北上抗日的出发点。这块无数革命先烈鲜血浸染的革命老区，在承载着历史荣光的同时，也胸怀着未来的梦想。华池历史地理条件严酷，这里为土地革命后期陕甘边根据地的创建提供了有利条件——1934年，陕甘边苏维埃政府在华池南梁成立。也因为它的山大沟深和边远，成了今天华池致贫的制约因素。

习近平总书记牵挂着老区的贫困群众。2015年春节前，在延安召开的陕甘宁革命老区脱贫致富座谈会上，习近平总书记与时任华池县委书记赵昌军亲切交谈。总书记指出，要抓好革命老区扶贫开发工作，确保贫困地区人民群众同全国人民一道进入全面小康社会。2013年2月，习近平总书记视察甘肃时指出："贫困地区党委政府要把主要精力放在扶贫开发上"。

近年来，华池县委、县政府坚持把脱贫攻坚作为"一号责任"和"一号工程"，2016年实现1874户6980人稳定脱贫，贫困面由15.6％下降到9.5％。华池县根据贫困山区的实际，树立党委主体责任，发挥党员带头作用，积极选派人员，组建队伍，长期驻村，凝心聚力助推脱贫攻坚，因地制宜、因户施策，面对面解困、点对点帮扶，树立党委主体责任，发挥党员带头作用，助推精准扶贫、精准脱贫，走出了一条群众"按需求点单"、政府"以精准配餐"的脱贫攻坚新路子。

主要做法

华池县紧盯脱贫攻坚总目标，积极选派人员，组建队伍，长期驻村，凝心聚力助推脱贫攻坚，真正做到了"选得优、抓得实、守得住"。

一、联系单位进村，双联干部进户

按照一个单位至少联系一个贫困村，一名干部至少联系 2 户贫困户的帮扶机制，华池县 3000 多名干部背起铺盖卷进村入户，与 5344 户贫困户形成对接帮扶，并成立驻村工作队长期驻村帮扶，工作队成员和双联干部直接住进贫困户，贫困村驻村工作队干部每年住户 220 个工作日以上，由"走读"转变为"常住"，真心成为贫困户家庭中的一员，因地制宜、因户施策，面对面解困、点对点帮扶。

通过进村入户，华池县对贫困人口进行了详细摸底、登记造册，对贫困村基本做到了有村情档案、有问题台账、有需求清单、有村级

▶ 双联干部背着铺盖进村驻户

规划、有帮扶单位、有脱贫时限。通过对贫困对象进行动态管理、精确识别，做到有进有出，贫困户的底数和基本情况全部录入了系统中，实现了"一网清""一点通"的网格化管理目标。建立了贫困详细情况"大数据"，精准扶贫有了"靶心"。

入住贫困户的各级帮联干部都积极担起了精准扶贫、精准脱贫的"大责"，着力在转变致富产业滞后、家容户貌不整诸方面下功夫做文章，坚持"因户施法"和"缺什么，补什么"的原则，科学谋划，选好种植、养殖、劳务等增收致富项目基点，在项目资金、技术等方面予以大力支持，持续增加群众收入。

确保驻村干部"人员选得优"。坚持把"选优配强"驻村干部作为保障"三到村三到户"工作取得实效的关键，在干部选派上严格把关、合理配备、优中选优，为111个村配齐了驻村干部队伍。明确驻村干部的4个基本条件，即对群众有深厚感情，熟悉农村工作、善于做群众工作，组织协调推动能力强，作风扎实、不怕吃苦、甘于奉献。县委组织部选派27名机关事业单位新提拔副科级干部或后备干部，担任贫困村驻村帮扶工作队副队长，从源头上保障选派的驻村干部作风良好、素质过硬。坚持力量下沉，整合双联干部、大学生村官、乡（镇）包村干部，以及有对口帮扶任务的干部力量，选派239名党员干部，组建56个驻村工作队。同时，从农牧、科技、卫生、教育、文化等部门抽调200名专业技术干部，通过"三下乡"活动等形式定期深入贫困村进行技术咨询和服务指导，全县参与帮扶干部总数达到3000多人。坚决落实驻村时间，驻村工作队员常驻贫困户家中的时间达到220个工作日以上（含因公出差、开会、培训），实际住户时间达到160天以上；双联干部轮流进村，每人每年两次，每次不少于30天。县委农村部按照有关规定和程序严格驻村干部管理，安排好驻村干部的轮换交替，确保了驻村帮扶工作的连续性。

确保驻村干部"工作抓得实"。坚持把教会驻村工作队"干什么、谁来干、怎么干"作为重要职责，着眼总体目标，明晰工作职责，为驻村干部有效落实帮扶任务指明了方向。根据驻村帮扶工作的目标任务，把驻村工作、双联行动与精准扶贫深度融合，确定了"吃透村情民意、制订帮扶计划、宣传惠农政策、推动工作落实、总结推广经验、树立良好作风"六个方面18项工作任务，确保高质量、高标准完成各项工作任务，列出了贫困村户脱贫时间表，到村到户项目帮扶路线图，村户减贫指标达标任务书，做到了村情户情"一口清""一本账"。注重加强学习交流，重视典型培树、总结提炼工作，县委提出了"十个一"驻村帮扶工作法，各驻村帮扶工作队结合村情实际，探索出了"四抓四促""三抓三化""四字诀""123"等工作模式，56个贫困村均推行电子网格化管理，实现了帮扶项目。全县在启动"住进贫困户，贴近贫困、感受贫困、解决贫困"主题实践活动以后，非贫困村联村单位及联系贫困村的其他双联干部也采取轮流进村住户的办法，形成了"两结合、互补式"驻村住户帮扶模式，有效提升了全县驻村帮扶工作队服务水平。坚持"出门一把抓，回来再分家"和"驻得下、能工作"的基本原则，围绕破解制约贫困村发展的"林、田、水、路、房"等方面基础瓶颈，发挥自身优势，积极向派出单位和相关职能部门衔接，落实了一大批民生项目，改善了群众的生产生活条件，受到了群众的好评。截至目前，各驻村工作队累计举办法律知识讲座60多场次，开展劳务培训1.17万人次，争取落实帮扶项目600多个。

确保驻村干部"进村守得住"。坚持以培养和激励干部自觉履职、倾力担当为着力点，建立健全干部日常管理机制，切实引导形成了驻村干部真蹲实驻、真帮实扶的工作格局。制定印发贫困村驻村帮扶工作队、联村单位、联户干部等考核办法，制定各类工作制度，坚持记写驻村工作日志，严格执行驻村纪律、严格执行请销假制度、严格执行县里相关规定，建立了督查通报制度，采取专项督查和临时抽查相结合的方式，对 111 个驻村帮扶工作队工作情况开展两次督查一次评估，有效促进了工作落实。实行"一考三评"制度，"一考"，即对驻村帮扶工作队和工作队成员履职情况进行考核评价，查看工作成效，作出工作鉴定，作为干部提拔使用、考核奖惩的重要依据。"三评"，即采取自评、测评、点评方式，广泛征求各方意见，为精准考核提供依据。驻村干部任职期，双联干部在 3 年内轮流驻村时间累计达到 1 年以上的，可视为基层工作经历。工作期间，在原单位的有关待遇不变；驻村工作发生的住宿、交通等费用，由原单位按照有关规定给予报销。县财政按每村 3000 元、联村单位 2000 元的标准划拨经费，贫困村均设立办公、生活场所，消除了驻村人员的后顾之忧。

二、明确精准扶贫思路，以精准推进扶贫攻坚

立足华池实际，紧盯群众致贫原因，探索不同脱贫方式。县委、县政府提出了通过政策将鳏寡孤独的特困户"养"起来、通过合作组织将有技能的劳动者"联"起来、通过流转将外出务工的家庭闲置土地"活"起来、通过就近移民安置将居住偏远的贫困户"搬"出来、通过综合施策将多种贫困原因叠加的贫困户"扶"起来的精准扶贫"五种模式"。

制约发展的因素很多，在全面掌握了贫困村、贫困户的基本现状、致贫原因和项目需求的基础上，华池县针对贫困群众迫切需要解决的瓶颈问题，重点在基础设施建设、富民产业培育、社会事业发展

三个方面下功夫。着力解决村道硬化、安全饮水、农电保障、危房改造、易地搬迁、生态保护等最现实最基本的问题；在发展富民产业方面，瞄准特色农牧业、农产品加工业、劳务经济、红色旅游等优势产业精准发力；在强化公共服务方面，对教育、卫生、科技、文化扶贫等提出具体目标要求。

全力整合帮联、项目、资金、政策"四类资源"，有效保证贫困村村组道路、安全饮水、安全住房、卫生厕所、标准梯田、农村动力电"六个全覆盖"，村级阵地、村幼儿园、村卫生室、村文化室、乡村舞台、村日间照料中心"六个全达标"，通信网络、广播电视、增收产业、技能培训、兜底政策、扶贫贷款"六个全落实"。

三、整合各类扶贫资源，全力补齐基础短板

整合各类扶贫资源，紧盯水、电、路、田、房、网等基础设施建设，全力推进贫困村户基础建设"定向突破"工程，统筹推进非贫困村户基础建设"提档升级"工程，全力补齐全县整体脱贫的突出短板。安全饮水工程，依托农村饮水安全项目，新打小电井3982眼、"一场两窖"2454处、建成集中供水工程13处，有效解决了2.6万人的饮水困难。农电改造工程，完成农网改造518.2公里，新建配电变压器131台，自然村动力电覆盖率达到100%。村组道路工程，新修通村公路32条369.3公里，新修村组砂砾路215条1077.6公里，实现了村通油（水泥）路、组通砂砾路。安全住房工程，按照"政策主导、项目支持、政府兜底"的思路，全力推进贫困户的安全住房建设。争取国家开发银行贷款建设村级移民搬迁点11处，安置212户；建设城区居民安置点3处，安置501户。完成危旧房改造2384户。针对全县贫困户居住窑洞安全隐患多、改造成本高的实际，大力

▶ 送医到村

实施危窑加固改造工程，县里对贫困户加固土窑洞、彩钢房翻顶每孔（间）补助 5000 元，新建大门围墙、硬化院坪每户补助 3000 元，改造厨房、新建卫生厕所各补助 500 元，已完成危窑加固改造 2970 户8910 孔，新建卫生厕所 5687 座，厨房改造 1353 户，院落改造 1410户。对分户独居老人住房不安全的，积极动员与子女合住，通过综合施策，所有贫困群众圆了"安居梦"。梯田建设工程，整合巩固退耕还林成果基本口粮田、土地整治等项目资金 1.24 亿元，新修梯田11.2 万亩，使贫困群众人均新增梯田 2.5 亩以上。通信网络工程，实施了精准扶贫广播电视户户通安装工程，为贫困户发放"户户通"卫星电视设备 4243 套，完成 1.2 万户无线宽带接入，有效解决了 56 个贫困村群众收看广播电视和上网难的问题。

四、促进双联深度融合、推进精准扶贫脱贫

开展双联行动"大走访、回头看"活动。县直联村单位新增联系1个非贫困村，干部兜底联系非贫困户，实现了所有行政村都有帮联单位、所有农户都有帮联干部，对1.75万户非贫困户的安全住房、饮水等情况进行逐户逐项摸排，按照边摸边盖、即知即修的原则，对

▶ 双联干部入户调查了解贫困群众搬进新家后的生活状况

非贫困户不安全住房、不安全饮水等设施，衔接邮政银行提供政府贴息3年的10年长期贷款，进行彩钢房翻顶，加固维修危房危窑，整修大门、院落，改造改建厨房、厕所，新打小电井、新建集雨场窖，切实改变群众的生产生活条件。共摸排出住房不安全户943户、饮水不安全户243户，采取开工新建或购买楼房等措施，使其都得到了妥善安置。

专家点评

革命老区华池县，有着丰富的红色资源，也是一个自然条件艰苦的贫困县。在这块有着红色基因传承的土地上，当年革命先辈和群众凝结的"南梁精神"，源源不断补充着党员干部的精神之"钙"。干部深深意识到，革命先辈在异常残酷的生存条件下，发动群众建立红色政权，最终取得革命胜利。那么，今天让群众过上好日子，就成为党政干部义不容辞的责任和使命。各级党政干部，以高度的责任感，在扶贫脱贫攻坚的实践中，破解着山区的贫困难题，走出了自己脱贫致富的新路子。

在这个素有发动群众光荣传统的红色老区县，用"住进贫困户、贴近贫困、感受贫困、解决贫困"的实践行动，发动贫困群众、依靠群众，与群众一起攻坚克难，合力脱贫。全县3304名"双联"干部、驻村工作队，背起铺盖卷，住到贫困户家中，切身感受这个家是不是走风漏雨，真心聆听贫困户的愿望需求，精准摸底"清家底"，无缝对接，因户施策，精准脱贫"拔穷根"。

驻村工作队，入住到贫困户，把他们的致富特长和脱贫思路，慢慢植入贫困村、特困户，就像点点薪火，连片助燃精准扶贫脱贫，形成燎原之势。扶贫干部进入贫困户，亲身感受贫困，落实中央关于扶贫脱贫的决策。充分发挥党员干部引领致富"龙头效应"，激发精准扶贫工作活力。搭建平台，有效发挥有能力、有意向的村级党员干部创业致富，通过党员干部引领，辐射带动贫困群众致富。

9

恒大扶贫新探索
大方脱贫奔小康
——贵州省毕节市大方县精准扶贫案例

背 景 导 读

贵州省大方县，是乌蒙山连片地区扶贫开发重点县。2010年至2015年累计减少贫困人口22万人，贫困发生率从2010年的53.78%下降到2015年的20.64%，下降33.14个百分点，完成13个乡镇"减贫摘帽"任务。由于贫困面广、贫困人口多，目前，仍有11.66万贫困人口亟待脱贫。

2015年6月18日，习近平总书记在贵州就加大推进扶贫开发工作讲话中提出"四个切实"，即"切实落实领导责任，切实做到精准扶贫，切实强化社会合力，切实加强基层组织"。正在大方县扶贫攻坚的关键时期，在全国政协的关怀下，恒大集团与大方县在2015年12月19日签约，实施结对帮扶整体脱贫，恒大集团无偿投入30亿元帮助大方县实施精准扶贫。主要内容涵盖五个方面：一是依托互助合作社实施产业扶贫。针对能够就地进行生产扶持的贫困群体，恒大投入12亿元，三年扶持1000个扶贫互助合作社，建设1000处特色农牧业基地，并引进、培育龙头企业形成产业化经营，帮助5万户、13万名贫困人口稳定脱贫。二是结合新型城镇化和新农村建设实施易地搬迁扶贫。针对基本丧失生产生活条件地区的贫困群体，恒大出资10亿元，建设50处有产业依托的安置区，易地搬迁2万名贫困群众。三是发挥恒大自身优势吸纳就业扶贫。针对贫困家庭中有外出就业需求的青壮年劳动力，组织职业技能培训，三年吸纳3万人到恒大物业、园林、酒店等下属企业和战略合作企业就业。四是发展教育扶贫。恒大出资5亿元，新建11所小学、13所幼儿园、1所完全中学、1所现代职业技术学院。设立"恒大

▶ 创业户开办家庭客栈

大方教育奖励基金"，用于奖励优秀贫困家庭学生和优秀教师。五是针对特困群体实施生活保障扶贫。恒大出资 3 亿元，新建 1 所慈善医院、1 所敬老院、1 所儿童福利院。为特困群体每人购买一份商业保险。组织恒大集团 8.6 万多名员工对留守儿童、困境儿童和孤儿"一助一"结对帮扶。

恒大集团结对帮扶大方县精准扶贫以来，成效显著。分两批开工的 103 个重点援建项目预计完成投资 15 亿元；总建筑面积约 400 万平方米。六大扶贫措施已经覆盖全县 70% 的贫困人口，已帮助大方县约 8.05 万人初步实现脱贫，占总贫困人口的 45%。

主要做法

一、产业扶贫换新业

恒大计划无偿投入 9 亿元，三年建设 1000 个以合作社形式运营的农牧业产业基地，形成肉牛、蔬菜、食用菌、中药材等优势产业，引进上下游龙头企业进驻大方，帮助 10 万名贫困人口就地脱贫。具体措施是三管齐下：一是扶持农民合作社，负责生产基地的建设与管理，解决好农民的组织化问题，目前已建成 331 个合作社。二是引进龙头企业，补强加工销售环节，形成现代农业产业链。例如，计划三年建成 10 万亩中药材、食用菌基地。目前，引进一力集团等龙头企业，启动 4 个中药材核心区种植，带动周边群众种植中药材 2 万亩

▶ 东关育苗中心内景

以上。2016年8月5日，大方冬荪获得国家地理标志保护产品认证。2017年1月20日，国家标准化管理委员会授予大方县"国家天麻种植综合标准化示范区"称号。三是金融撬动产业发展。恒大捐赠1亿元，设立"恒大大方产业扶贫贷款担保基金"，担保总金额10亿元，为合作社提供贷款担保。目前，累计发放担保贷款2.997亿元，覆盖农户6380户。恒大还捐赠3亿元设立了"恒大大方贫困家庭创业基金"，计划三年内分期分批，采取以奖代补方式直接奖励给创业户，帮助3万人脱贫致富。目前，已扶持贫困家庭创业户10769户。

二、易地搬迁挪穷窝

把居住在不适于生存地区的农户，搬迁到适于居住、易于开发的地区，经过总体规划、科学布局、建设安居乐业的新农村。

挖掘少数民族历史文脉和风俗习惯，开发建设民族风情小镇，奢香古镇已全面开工建设，22栋住宅和55栋单体古镇商业楼主体全部封顶，供电配套等基础设施建设正在实施，可安置1000户4000人。建设好易地搬迁的安置新村，解决好搬迁贫困农户的生产生活问题。首批10个新村已建成入住，共搬迁320户1314人。第二批建设新村40个，涉及22个乡镇39个村，已全部进入装修施工阶段，可安置贫困户2500户1000人。

三、创造就业有收入

贫困户致贫的一个重要原因，是家庭劳动力没有稳定的就业岗位和经济来源。扶贫脱贫目标就是通过培训保就业，达到"一人就业、全家脱贫"的目标。举办了24期培训班，培训15500人，吸纳就业11893人，稳定就业4708人，就业人员年人均工资42000元，直接

▶ 吸纳就业培训班开班

带动近 2 万人脱贫。

四、教育扶贫拔穷根

恒大以办学为突破口，实施人力资本投资，通过建立和完善教育体系，提高贫困地区人口的素质。一是集中投资建学校。援建 26 所学校，完成投资 4.145 亿元。其中 10 所学校已集中开学；职业技术学院完成投资 18500 万元；民族中学完成投资 4450 万元。小学项目计划投资 13420 万元，完成投资 13050 万元。幼儿园项目计划投资 6500 万元，完成投资 5450 万元。二是表彰人才树楷模。已表彰 200 名优秀教师、300 名优秀学生，每人奖励 3000 元。鼓励教师尽职尽责，鼓励学生努力学习。三是合作名校搞远程。恒大集团还与清华大学合作，以远程教育、培训师资等方式，在"软件"上加速推进教育扶贫，已培训 340 名教师及管理干部。

五、特困补贴保兜底

恒大投资、捐赠，全面提高大方县的社会保障水平，对特困户实施保障兜底。已投入 1.9 亿元建设慈善医院、敬老院、儿童福利院，预计 2017 年 6 月 30 日前交付使用。捐赠 2 亿元，设立"恒大大方慈善基金"，为孤寡老人养老就医、困境儿童生活学习和贫困家庭就医提供补助。恒大为 14140 名特困群体每人购买一份固定收益商业保险，使其达到年均人收入 3028 元的大方县脱贫标准。组织恒大集团员工"一助一"结对帮扶大方县农村全部留守儿童、困境儿童和孤儿4993 人。

六、激发大方人扶贫脱贫的积极性

恒大集团给大方人民带来的不仅仅是价值 30 亿元的物质财富，更重要的是无比宝贵的精神财富，激励着大方人"弱鸟可望先飞，至

▶ 大方县恒大七幼

贫可能致富"。

一是干部作风大改变，变要我扶贫为我要扶贫。市委、市政府专门从全市抽调了 100 名优秀年轻干部到恒大驻大方扶贫办进行培养锻炼，有效转变了广大干部职工的工作作风。两页纸就是 30 亿元的帮扶方案、7 个小时注册一个公司、24 个小时完成 14140 人的万能险保单、2.5 天发放慰问金 57611 户 1152.22 万元、18 天完成征地 1570 亩、20 天完成 40 个项目规划设计……恒大的管理模式、思维方式、时间观念、工作实效影响改变了大方县广大干部以往的常规想法和干法。不少干部通过和恒大团队同吃、同住、同劳动，"慵懒慢浮散拖推"等现象得到明显改变，素质和能力得到大幅提升。例如，2016 年 12 月 12 日，恒大集团大方扶贫公司专门给县委、县政府发来表扬信，对县交通局和县征地拆迁局等部门的工作给予高度肯定，第一封表扬信这样写道："恒大集团帮扶大方一年来，县交通局主动参与、积极配合、提前谋划、全力推动，高质量完成了扶贫项目路网配套工作，为确保扶贫项目顺利推进提供了有力保障。县交通局在全县脱贫攻坚中表现出来的敢打敢拼、勇于担当、事业为重、大局为先的精神风貌，赢得了我公司的高度评价。"

二是群众苦干大干，变要我脱贫为我要脱贫。恒大帮扶大方，点燃了大方人干事创业的激情，老百姓对扶贫工程非常拥护和支持。东关乡大寨村村民刘启林说："这个项目是人家恒大掏腰包给我们做的，我们一不能漫天要价，二不能赖起不搬，三不能坐地不征，四不能说兔话（方言）刁难人家。只要政府找个地方给我们过渡，要搬我们都搬嘛！恒大是来帮我们的，征地连边沟、沟头都帮我们量了，没得讲的，我们唱做（咋做）都要得！"长石镇杨柳村村民韦仕明现在是安徽马鞍山市恒大集团玉井湾金碧物业公司的房屋验收、维修师，他不仅把自己在恒大集团的所见所想都用日记记录下来，而且还休假回家自发召开座谈会告诉乡亲们："恒大集团提供了这么好的一个机会，我们为什么不去珍惜，不去利用好呢？在恒大，不仅可以发挥所长，还能学到新的东西。现在好了，工作稳定了，再也不用四处奔波了，摘掉贫困户的'帽子'指日可待了。"特别是在恒大帮扶援建 103 个重点项目中，涌现出许许多多群众的感人事迹。如：在恒大集团帮建的凤山乡蒙古风情园建设项目中，凤山乡 11 名乡村干部 10 天搬迁173 冢坟墓，刷新了恒大帮扶项目的坟墓拆迁速度。远在千里之外工作的凤山乡店子村村民陈光孟，为了响应该项目征地拆迁使项目早日推进，接到电话通知后，连夜从西藏返回凤山老家，仅用一天就搬迁12 冢祖坟，陈光孟说："支持恒大集团援建项目就是支持家乡的发展，我们只能做好自己能做的事，不能给政府添乱。"

三是企业扶贫大行动，变要我参与扶贫为我要参与扶贫。目前，全县的 305 名企业家自愿担任 298 个村的名誉村主任，积极参与社会扶贫。一位民营企业家给县委书记发来短信："我叫姜萍锋，是大方县欧美斯香鸽养殖场和大方林森木材加工厂的法人代表。因恒大征地需要搬迁，原来买的 1000 多张课桌想漆好后送给我们县里面的贫困学校。现由于恒大的工期紧，还没有来得及上漆，只有请政府帮我们送给学校，我们作为一个百姓，看到人家恒大来帮扶我们大方，看到恒大在一线的工作人员天天加班，心里有一想法，我们养鸽场所养的乳鸽全是玉米饲养，一只也没卖过，为感谢人家恒大来帮扶我们大方，一点心意，想请政府请个厨师，我们送一百只鸽子给帮助我们的恒大一线辛苦的工作人员品尝。"东关商会会长陈俊说："比钱比实力，我们比不过恒大，但比精神比奉献，我们要向恒大看齐。"

专家点评

恒大扶贫大方，探索了一条社会力量实施扶贫攻坚的新路子，大大提高了扶贫脱贫的成效。主要体现在：

一是帮扶对象：变"万企帮万村"为"一企帮一县""一企帮百村"。 恒大三年无偿投入 30 亿，帮助大方县 175 个贫困村、18 万贫困人口整县脱贫，投入之多、力度之大，在我国社会扶贫史上前所未有。

二是帮扶主体：变间接帮扶为直接参与。 恒大不仅出资金，还出人才、出技术、出管理、出思路，组建编制为 187 人的专职扶贫团队常驻大方，全集团 3000 多人直接参与，与当地干部群众并肩作战，做到大方不脱贫、恒大不脱钩，大方脱了贫、恒大不断线。

三是帮扶内容：变单一捐资为立体帮扶。 恒大通过产业扶贫、易地搬迁扶贫、吸纳就业扶贫、发展教育扶贫和特困群体生活保障扶贫等一揽子综合措施，建立全方位、系统化帮扶体系。

四是帮扶方式：变"大水漫灌"为"精准滴灌"。 恒大结合大规模入户调查，运用大数据技术，对大方县建档立卡数据库贫困人口进行精准识别，做到因户施策、因人施策，确保扶贫对象精准、项目安排精准、资金使用精准、措施到户精准、因县派人精准、脱贫成效精准。

五是帮扶体制机制：坚持"输血"与"造血"并举，变"授人以鱼"为"授人以渔"。 通过不断探索创新，创造了很多可复制可推广的成功经验，比如，产业扶贫采取"政府+龙头企业+金融机构+保险机构+科研机构+专业合作社+贫困户+基地"的模式，吸纳就业采取"职业教育＋订单培训＋双向选择"的模式，易地扶贫搬迁采取"特色小城镇＋美丽乡村＋产业结构调整＋新型职业农民培训＋创业扶持奖励"的模式，教育扶贫采取"清华大学＋远程教育＋援建学校＋企业员工志愿者＋留守儿童"的模式，扶贫资金使用采取"社会捐款＋财政扶贫资金＋担保基金＋贴息基金＋风险补偿基金＋产业基金＋创业基金＋以奖代补"等模式。在实践中大胆探索了一系列特色做法，取得了可供借鉴的成功经验，为社会扶贫树立了成功榜样。

恒大集团联手大方县，合作扶贫攻坚，蹚出了企业与政府合作扶贫的新路子，已初见成效。"企业＋政府"合作扶贫的模式具有优势互补、合作高效的特点。企业作为市场主体，懂经营、会管理、讲效率，把全县扶贫作为一个工程来做。

一是搞好"施工图"，强化整体设计。对产业分布、城镇布局、设施建设、资源整合等进行科学布局、项目安排。

二是打好"扶贫桩"，强化产业培育。以市场为导向，盘活自然资源，搞好基地建设、引进龙头企业、形成优势产业，提高市场竞争能力。

三是选好"管理人"，强化组织建设。扶贫是一项特殊的工程，企业面对分散的农民，需要农民自己组织，提高自我管理能力。发展农民合作社运营生产基地，是恒大扶贫大方工程的一个重要内容，规划建设 1000 个合作社的目标，已经建成 331 个。

四是建好"资金链"，强化资金撬动。建立担保基金、创业基金，通过金融杠杆撬动银行、保险等资金，聚焦扶贫攻坚项目。

五是育好"带头人"，强化人才培养。脱贫的关键是人的改造、人才的培养。通过建立和完善教育培训体系，全方位提高贫困人群的素质、培养发展经济的能人，从而保障扶贫工程长久不衰。在这里特别指出，"恒大大方模式"是优势互补、合作共建的模式。县委和县政府发挥了组织动员优势、政策支持优势，为恒大扶贫工程的顺利推进拆障、铺路，做了大量的动员组织工作。例如，在拆迁、搬迁、征地等项目上，政府有关部门、乡镇、村委会和党支部都发挥了组织动员作用。在建设合作社中，乡镇党委和政府、村委会和党支部及党员都发挥了很好的组织和带头作用，真正做到政府搭台企业唱戏。

10

建强村级组织"留下不走的扶贫工作队"

——陕西省汉中市留坝县精准扶贫案例

背景导读

习近平总书记指出，做好扶贫开发工作，基层是基础。要把扶贫开发同基层组织建设有机结合起来，抓好以村党组织为核心的村级组织配套建设。党的十八大报告指出：创新基层党建工作，夯实党执政的组织基础。党的基层组织是团结带领群众贯彻党的理论和路线方针政策、落实党的任务的战斗堡垒。

陕西省留坝县是秦岭南麓的一个山区小县。全县辖 7 个镇、1 个街道办，总人口 4.7 万，县域面积 1970 平方公里，是国家南水北调的重要水源涵养地，国家限制开发的重点生态功能区，山大沟深、交通不便，没有工业，同时也是国家级扶贫开发重点县。截至 2013 年

▶ 社火坪村扶贫社专业生产队生猪养殖分红

底,贫困发生率高达 36.5%。从 2014 年起,县委和县政府动员各界力量,实施精准扶贫工程,取得了显著成效。到 2016 年底,贫困发生率降低到 12.5%。一个成功的做法就是加强村级组织的建设,使之成为打赢脱贫攻坚的主力军,直接推动精准扶贫工作落到实处。

在推进精准扶贫工作中,出现了"热冷不均"的现象。中央提出了脱贫攻坚时间表后,各级党委和政府都积极行动起来,制定和出台了落实精准扶贫的政策与措施,形成了"万马齐奔"的火热局面。但是,作为扶贫工作"最后一个环节"的村级组织和干部,则参与的积极性不高,能动性不够,有点儿"这里的黎明静悄悄"。村民群众也抱着等着看、等着要的心态。县委和县政府认真分析导致基层冷的原因有两个:一是包联干部直接进入贫困户,给钱、给物、给政策,自上而下的、一竿子到底的工作模式,没有给村干部发挥工作积极性的空间和动力,成了旁观者;二是村级组织没有经济实力带领农民脱贫致富。截至 2016 年 6 月底,有 75 个行政村,其中"空壳村"38 个,占行政村总数的 50.7%。另外 37 个村虽有一些因高速路占地等获得的土地赔偿金,因为没有保值增值的办法,变成"死钱"。由于村级组织是没有积累的"贫困户",也就没有能力为农民提供各种公共服务,解决农户生产和生活中的困难,更奢谈不上,带领群众脱贫致富奔小康了。长此以往,农民群众对村级组织失去了信任,村级干部自己也失去了动力和信心。精准扶贫是一项系统工程,没有最"接地气"的村级组织和村干部积极参与,把群众真正地组织起来,打一场扶贫攻坚的人民战争,精准扶贫的目标是不可能实现的。精准扶贫不是一场运动,反贫困永远在路上,脱贫致富要可持续,就要有一个"永远不走的扶贫工作队"。富有生机和活力的村级组织,就是打通扶贫攻坚"最后一公里"的主力军,是带领农民脱贫致富奔小康的"永远不走的工作队"。要做到这一点，就必须创新村级组织的制度设置，综合解决村级组织没有经济实力、没有管理平台和没有管理手段的问题。为此，县委、县政府精心设计了"村级扶贫互助合作社"这个新型制度，让村级组织干事有平台，管理有手段，村级集体有实力，着力把村级政权建设成为带领群众脱贫致富"永远不走的工作队"。

主要做法

一、坚持党的领导核心地位，发展农民合作社

"村级扶贫互助合作社"（以下简称"扶贫社"），是在一个村支部领导下的集"经济、管理、生产、服务、公益"等功能为一体的综

▶ 扶贫互助合作社揭牌仪式

合性组织,由村支部书记担任理事长。

扶贫社的主要职能是组织协调、整合资源、管理服务,不直接从事生产经营服务活动。扶贫社之下,设立若干个专业生产组或服务队(站、点)(以下统称服务队),从事具体的村级事务管理、组织群众生产、服务群众生活等工作。下属的服务队分为生产经营和公益服务两大类。扶贫社对各专业服务队的管理遵循市场规律,采取经济手段,辅助以政治手段和村民参与的民主手段,实行综合管理,并收取一定的管理费和服务费,作为村集体经济积累。

二、建立健全监管机制

从源头上防范和控制风险发生,保障合作社资金安全运行、干部廉洁行政。一是严格执行"村财镇管"制度,扶贫社所有运营资本金及收入全部进入村级集体账户,由镇(街道)财政所统一管理,扶贫社不得留存现金。建立镇(街道)日常监管、行业单位经常检查、纪检审计及时跟踪的三道资金安全监管网,确保资金使用安全规范。二是明确规定村组干部一律不得领办经营性服务队,村干部及其直系亲属一律不允许以参与劳动或以租用大型工程机械、农具等方式在服务队领取报酬。同时还规定,扶贫社不得自行实施代建项目,必须将项目通过市场公平竞争,以外包的形式交由扶贫社下设的服务队组织实施。三是颁布《留坝县村级扶贫互助合作社收益分配办法》,明确扶贫社通过生产经营取得的收益为村集体收入,在提取公益金、公积金后,经全体成员同意,才可向村民进行分配,对提取比例、分配多少、分配形式,由村集体组织自行确定,这样在扶贫社和群众之间建立了公平的、民主的利益捆绑机制。

三、强力支持村级组织的发展

发展村级扶贫互助合作社，面临的最大困难是资金短缺问题。政府支持和帮助村级组织建立扶贫互助资金协会，为每个扶贫互助资金协会解决资本金 30 万元，主要用于向贫困户提供小额信贷，着力解决贫困群众产业发展"缺资金"的问题。扶贫互助资金协会作为试点村扶贫社的团体会员，政府还以贴息的方式为每个扶贫社解决 30 万元贷款，作为扶贫社运营的原始资本金。目前，全县首批 11 个试点村的扶贫互助资金协会共发展会员 1017 户 3346 人，占试点村总人口的 45.72%，其中贫困户 243 户 711 人，占试点村贫困人口的 76.21%，累计吸纳股金 184.4 万元。村级扶贫互助合作社面临的最直接困难是经营项目问题。政府推行项目代建制度，确保总投资在 30 万元以下、工程技术简单、能够吸收当地村民投工投劳的项目，由项目主管部门或镇（街道）以委托代建的方式，交由扶贫社组织实施。扶贫社通过市场化运营分包给服务队实施，有效解决了经营项目短缺问题。

目前，全县 11 个试点村的扶贫社都建起了扶贫互助资金协会、卫生管护队、自来水管护队。根据实际，各村还组建了电商服务、建筑工程、生产服务、红白理事会等各类服务队共 57 个，半年时间累计向贫困户发放互助资金 200 余万元，承接村组道路、农田水利、环境整治等小型基建项目 25 个，开展农技指导、人饮维护、红白喜事等服务活动 130 余次，村级组织管理平台全面建成运营。

村上事情有人管了。扶贫社为卫生服务队、自来水管护队购置基本的劳动工具，选择能人担任队长，吸纳贫困户为队员，负责村上公共设施的日常管护。管护费用主要来源于收取群众的垃圾清运费、水费，收取标准由各村召开群众大会集体商定，不足部分县里补点、村

▶ 院坝说事会

上从集体积累中列支一点。通过综合运用经济的、民主的、自治的管理手段，村上的环境卫生、自来水、村队道路等公共设施平时有人维护、坏了有人修理，解决了长期以来农村基础设施"有人建、有人用、无人管"的老大难问题。文化服务队组织群众开展文化活动，红白喜事服务队为群众婚丧嫁娶提供服务，成为农村移风易俗、构建和谐社会的一支重要力量，爱亲敬老、文明诚信等核心价值观教育都有人组织，有了载体。

组织群众有手段了。扶贫社要求下属各类服务队承接项目的首要原则就是必须吸纳贫困户为主要劳动力。留侯镇营盘村是留坝县核心旅游景区中的一个贫困村，扶贫社下设的工程建设服务队运营半年，35 户参与工程建设的贫困户户均收入 1339 元。因为扶贫社是全体村民的，集体事务大家管理，是非对错群众评判，大家参与扶贫社管理运营的积极性非常高。比如，公积金、公益金如何提取；该不该给村干部发奖金、发多少；自来水水费、卫生保洁费应该收多少；哪个项目实施过程不够公开；贫困户干一天活发多少钱；哪个贫困户干活出工不出力；哪个干部办事不公平；等等，大家都会提出来，由村支部通过召开"院坝说事会"的方式，让村民共同商议解决。这种制度设置让村支部实现了对群众的有效组织。贫困群众成为发展生产、管理村级公共事务的主体，收入增加了，村庄的凝聚力增强了，外出打工的人回来了。试点村外出务工的群众比扶贫社成立之前减少 50%。

村集体有实力了。扶贫社通过为各个服务队提供生产管理服务收取管理费，提供基本生产资料收取租赁费，联系农产品销路收取服务

▶ 沙坝村食用菌生产队发展的袋料香菇

费，使集体经济收入不断增加，经济实力不断增强，有了带领农民群众脱贫致富奔小康的本钱。11个试点村扶贫社运行以来，累计增加集体收入80余万元。各村把集体积累用于弥补公益类服务队人员工资、购置卫生设施、健身广场维修、村容村貌建设等公益事业，村级组织管理能力和水平大幅提升，扭转了村两委无钱办事、"等靠要"的问题。

村庄有了"不走的扶贫工作队"。扶贫社在分包生产项目和工程时有明确规定：凡是承包、领办项目的能人、大户，雇佣劳动力中贫困户所占比例不得低于30%，这样就实现了由能人大户带动贫困户抱团发展生产的目的。马道镇沙坝村扶贫社规定，每个能人大户必须带动3户贫困户，才能承包村上的食用菌生产队。受政策的鼓励，村上3个大户带动9户贫困户承包了村扶贫社的食用菌生产队，发展袋料香菇10万袋，大户负责生产技术和人员管理，贫困户参与生产。据负责人介绍，预计可获得收益20万元。按扶贫社规定，3个大户只能获得49%的收益9.8万元，贫困户可获得收益的51%，户均收入1.67万元。武关驿镇松树坝村的贫困户李素珍、吴秀萍属于体力较差的劳力，又没有技术特长，想到外面打工一直没有人雇用，村上扶贫社的建筑工程队成立后，将2人吸纳进服务队，确保了她们有工作、有收入。据调查，各村公益类服务队的主要组成人员90%以上是贫困户，扶贫社的各种收费类生产项目对贫困户一律减免。扶贫社通过管理、监督、服务各类服务队，把贫困户组织起来参加劳动，学技术、挣工钱。

专家点评

扶贫攻坚是一项伟大的民生工程。在党中央的战略部署下，2020年一定能完成精准扶贫的任务。但是，脱贫后的返贫问题、农民的低收入问题等,仍然是我们要解决的重要课题。扶贫易、脱贫难,反贫困永远在路上。留坝县委针对扶贫工作的长期性、复杂性,以做强村集体组织为扶贫攻坚突破口,打造"永远不走的扶贫工作队",着力将"输血扶贫"转变为"造血脱贫",建设带领农民致富奔小康的长效机制。"留坝人的探索",在短短三年的时间里,取得了很好的效果。他们的所作所为,值得每个扶贫工作者借鉴和研究工作者去探究。陕西省留坝县的探索,破解了以下三个重大问题。

一是谁是"不走的扶贫工作队"。在目前,"千军万马"齐扶贫的热潮中,农民群众害怕扶贫也是一场"运动",来得快走得快,不可持续。留坝县从做强村级组织入手,创新村级扶贫组织——扶贫互助资金协会、扶贫互助合作社,搭建村两委工作平台、群众互助平台、上级资源承接平台,调动各个方面力量,整合多方资源,打造内生扶贫发展新机制,使村级组织成为了农民脱贫致富"离不开的工作队"。从全国贫困村看,虽然农户致贫原因多种多样,但自身都无力走出"贫困陷阱",需要村级组织帮扶,而已经"空壳化"的村级组织则无力满足农民的需要,带领大家共同脱贫致富。从全国富裕村庄看,都是村级组织有实力、两委干部有能力,能够带领农民实现共同富裕。可以说,做强村级组织,发挥它的承上启下的枢纽作用,不仅疏通了扶贫攻坚的"最后一公里",还培育了脱贫致富的主力军,留下了"永远不走的扶贫工作队"。

二是怎样用好管好扶贫的钱。扶贫之钱"天上来",缺钱的农村,突然间有了钱。怎样把钱用在刀刃上,以钱生钱,培育农民可持续发展能力,保证扶贫政策的长效性?这是必须面对的问题。留坝县的做法很值得提倡,把政府资金作为种子资金,投入村扶贫互助资金协会,由它向贫困农户提供小额贷款,解决贫困户资金困难问题;同时，作为扶贫合作社团体社员，投资发展各种经营项目，形成再生产能力，为村民提供持久的服务，创造稳定的就业岗位，解决贫困农民就业问题。管好钱，就是建立了一整套严格的风险防范机制，确保扶贫资金的安全性。比如，实施"村财镇管"制度，建立镇（街道）日常监管、行业单位经常检查、纪检审计及时跟踪的资金监管网等。

三是用什么办法管好村官。老百姓说"别把村官不当干部"，村庄有钱了，借助权力变成权利的事情也是普遍现象。如何在推进精准扶贫的过程中管好干部是一件大事、难事。留坝县给出的答案是：用制度管人，把权力关进制度的笼子里。为此，出台了很多严格的、具体的制度，比如，代建项目招标制度、合作社民主决策制度、村务公开制度，再加上，村财镇管制度等，用严格的制度堵住某些村干部独断专行、以权谋私、任人唯亲的渠道。随着扶贫攻坚成效的显现，村级组织越来越成为群众"离不开的扶贫工作队"，村干部成了"当家人"。由此看出，通过划清权力的边界、建立民主决策监督机制，不仅可以提高精准扶贫的成效，还培育了脱贫致富的带头人，同时，也强化了党对农村的领导力，是一举三得的好事。当然，留坝县的探索只是初步的，前进中的问题还有待他们再探索，扶贫攻坚还在路上，反贫困任重道远。

11

教育扶贫拔穷根
"一村一幼"进行时
——四川省凉山州精准扶贫案例

习近平总书记曾说，我到一些贫困地方去看，有的孩子都七八岁了，还在家里待着，没有上学。贫困地区教育一定要搞上去，不能让孩子输在起跑线上，要让他们有受教育的机会，有上大学的机会，再过十年八年能够成为致富能手，起码有本事挣到饭吃，不至于再过穷日子。习近平总书记还多次强调，抓好教育是扶贫开发的根本大计，要让贫困家庭的孩子都能接受公平的有质量的教育，起码学会一项有用的技能，尽力阻断贫困代际传递。

2015年9月9日，在给"国培计划（2014）"北师大贵州研修班参训教师的回信中，习近平总书记说，到2020年全面建成小康社会，最艰巨的任务在贫困地区，我们必须补上这个短板。扶贫必扶智。让贫困地区的孩子们接受良好教育，是扶贫开发的重要任务，也是阻断贫困代际传递的重要途径。党和国家已经采取了一系列措施，推动贫困地区教育事业加快发展、教师队伍素质能力不断提高，让贫困地区每一个孩子都能接受良好教育，实现德智体美全面发展，成为社会有用之才。

针对凉山彝区精准扶贫重点领域，大力发展彝区学前教育，凉山州通过实施"一村一幼"计划，从源头上打破贫困"积累循环效应"，从根本上阻断贫困的代际传递，让彝区孩子在同一起跑线上共同奔跑。"一村一幼"是指在一个建制村设立一个幼儿教学点，根据实际情况可"多村一幼"，也可"一村多幼"。为确保工作顺利实施，各级党委、政府齐心协力，大力推进彝区农村学前教育发展，补齐学前教育短板，为彝区孩子"过好语言关、养成好习惯"创造了条件，在

▶ 德昌县金沙傈僳族乡王家坪村幼教点教孩子们洗脸洗手

全国民族地区开创了发展学前教育的示范。《人民日报》《四川日报》报道了凉山实施"一村一幼"的经验和成效。党中央、国务院领导视察凉山教育工作时，对此给予充分肯定。云南省先后两次到凉山学习借鉴"一村一幼"工作经验。

    凉山州启动实施"一村一幼"工作以来，彝区农村许多孩子已能用标准普通话回答问题，会唱汉语儿歌，良好行为习惯正在养成，这无疑为凉山彝区从源头上打破贫困"积累循环效应"，从根本上阻断贫困代际传递，为彝区农村孩子成长成才奠定了坚实基础。

主要做法

一、加强学前教育建设

安排资金 11040 万元，在凉山州 10 县、2300 个行政村选聘汉语辅导员 4600 人；安排资金 1372.8 万元，乐山市 2 县 1 区 286 个行政村选聘汉语辅导员 572 个，加强幼儿学前教育。多次组织人员赴大小凉山彝区村级幼教点，对"一村一幼"工作开展情况、学前教育汉语辅导员到岗情况进行督查。截至 2017 年 6 月底，大小凉山彝区 13 县已开办幼教点 1857 个（凉山 10 县 1677 个，乐山 2 县 1 区 180 个），选聘辅导员 4500 名（凉山 10 县 4170 名，乐山 2 县 1 区 330 名），招收幼儿 7.62 万余人（凉山 10 县 7.12 万人，乐山 2 县 1 区 0.5 万人），

▶ 喜德县且拖乡三呷果村幼教点幼儿在做户外游戏

接受学前教育的幼儿同比净增 1.16 万人，为从源头上打破贫困"积累循环效应"，从根本上阻断贫困代际传递打下坚实基础。

二、强化"控辍保学"责任

通过蹲点、包片等方式，督促州、市教育局做好"控辍保学"相关工作，要求县长、乡镇长、村长、组长、家长和教育局长、学校校长、学生家长层层签订《义务教育控辍保学责任书》。督促县政府把"控辍保学"工作纳入对乡镇人民政府和学校目标考核内容，乡镇党委、政府纳入对村工作的考核内容。督促乡镇和教育系统逐步建立起学生入学通知制度、辍学报告制度、动员复学制度、学籍管理制度、招生管理制度、责任追究制度等一系列制度，构建以县为主体、部门落实、领导带头、群众参与的立体控辍机制。

▶ 西昌市洛古波乡打组俄普村幼教点幼儿在学习自己洗手

三、大力办好职业教育

大力加强贫困地区职业教育发展，帮助民族地区群众拓展就业途径，提高就业层次。一是指导各地各校做好"9+3"学生教育管理工作。下发《做好 2016 年寒假期间"9+3"工作的通知》《关于做好 2016 年"9+3"暑期工作的通知》《做好 2016 年春季学期"9+3"学校开学工作的通知》，并组织力量对所有"9+3"学校开学工作情况进行检查。督导处置突发事件，确保全省上半年"9+3"工作平稳推进。二是做好"9+3"招生工作。4 月前，结合大小凉山彝区人才和专业需求，优化调整内地"9+3"招生学校和专业，编制并下达 2016 年大小凉山彝区"9+3"招生计划。今年共计 34 所学校 46 个专业面向彝区招生 5000 人，其中凉山州 10 县 4200 人，乐山市 2 县 1 区 800 人。5 月前，编印《"9+3"招生指南》并投递到 13 县（区）应届初中毕业生人手一册。4—5 月组织内地教育部门和学校组成招生宣传组深入 13 县（区）集中开展招生宣传。拟在 7 月底开展正式录取工作，并视情况进行补录。三是做好"9+3"经费拨付工作。配合财政厅，目前正在做 2015 年秋到 2016 年春"9+3"省财政补助经费决算工作。

四、增加贫困学生资助

抓好高中助学金和中职助学金受助学生审核、评定工作，确保所有家庭经济困难学生都能及时获得国家资助。做好学生资助信息系统高中子系统和中职子系统信息统计、录入和审核工作，确保数据真实、准确。加强对大小凉山彝区高中和中职资助工作的监督检查力度，督促相关市（州）、区县及时、足额下达配套资金。截至 6 月底，已下达普通高中助学金 1311 万元，资助普通高中学生 9141 人；已下达中职免学费和助学金 1080 万元，免除 3615 名中职学校学生学费，并为所有符合条件的中职学生提供国家助学金。

五、加强教师队伍建设

大力推进民族地区教师队伍建设，努力提升教育教学质量，让群众能够 "上好学"。一是按需施训，组织实施彝区精准扶贫项目。投入资金约 91 万元，培训大小凉山彝区中小学各学科骨干教师（马边、峨边县参训教师约 40 人）500 人。目前培训资金已全额拨付到相应培训机构，已完成学员遴选工作，将于 7 月中旬开展培训。二是扩面提质，有序开展彝区中小学信息技术应用能力提升培训。经费预算 44.9 万元，在省培计划中小学信息技术应用能力提升培训项目中扩大彝区学科教师受训人数至 2800 人，通过网络研修，提升彝区中小

▶ 昭觉县幼教点幼儿在课堂唱歌

学教师信息技术应用能力，其中按 2% 的比例集中培训管理者和辅导员 56 人。目前培训资金已全额拨付到相应培训机构，并已完成培训相关学员的遴选工作，将于 7 月中旬开展集中培训。三是统筹规划，组织实施 2016 年"国培计划"各项工作。启动实施 2016 年中小学和幼儿园教师国家级培训项目，将大小凉山彝区 4 个县（雷波县、峨边县、马边县、普格县）纳入培训项目县。目前已完成方案编制工作并报财政厅审定。在由教育部、国家教育行政学院等组织实施的示范性教师（校长）培训项目及培训管理者进修等短期培训项目中，大力向彝区倾斜，选派 11 名学员参训。

六、实施好十五年免费教育

2016 年 2 月会同省财政厅下发《四川省财政厅四川省教育厅关于支持民族自治地区实施十五年免费教育的通知》，明确政策内容，下拨省级补助资金 2.7 亿元。3 月，下发《四川省教育厅关于做好民族自治地方十五年免费教育的通知》，从教育事业发展、教师队伍建设、教育信息化建设等方面对民族自治地方教育系统做好十五年免费教育工作提出具体要求，督促指导有关州、市做好十五年免费教育相关工作，确保政策全面落地。投入省级资金 10510.42 万元，支持凉山州、乐山市马边县和峨边县在实行九年免费义务教育的基础上，从 2016 年春季学期起，全面免除公办幼儿园三年保教费和公办普通高中三年学费，并为所有普通高中在校学生免费提供教科书。经教育部门批准设立的民办幼儿园和民办普通高中参照公办学校政策执行。

七、实施好相关重大项目

一是大力加强教师周转房建设。统筹安排《四川省民族地区教育发展十年行动计划》和大小凉山彝区"教育扶贫提升工程"项目资金，按单职工宿舍建筑面积 30 平方米，双职工宿舍建筑面积 60 平方米的标准为大小凉山彝区建设教师周转宿舍。投入省级以上资金 5464 万元（其中《四川省民族地区教育发展十年行动计划》资金 464 万元，大小凉山彝区"教育扶贫提升工程"项目资金 5000 万元），拟新建教师周转宿舍 2 万余平方米。目前，两项资金全额拨付到位。

二是大力配备设备设施、图书。 安排《四川省民族地区教育发展十年行动计划》项目资金 400 万元，为大小凉山彝区配备各类仪器设备、图书。目前，项目资金已拨付到位。

三是大力加强校舍建设。 统筹安排《四川省民族地区教育发展十年行动计划》和大小凉山彝区"教育扶贫提升工程"项目资金，为大小凉山彝区学前及义务教育阶段安排新建或改扩建校舍项目。计划投入资金 21320 万元（其中《四川省民族地区教育发展十年行动计划》资金 5320 万元，大小凉山彝区"教育扶贫提升工程"项目资金 16000 万元），拟新建校舍 9 万余平方米。目前两项资金均全额拨付到位，省级专项补助资金项目已审核并批复到州市。

专家点评

精准扶贫要扶在根上，扶贫先扶志、扶贫必扶智。在扶贫工作中"输血"重要，"造血"更重要，一定要把扶贫与扶志有机地结合起来，既要送温暖，更要送志气、送知识。如果扶贫不扶志，扶贫的目的就难以达到，即使一度脱贫，也可能会再度返贫。

习近平总书记指出，脱贫致富贵在立志，只要有志气、有信心，就没有迈不过去的坎。而扶贫必扶智，摆脱贫困需要智慧，培养智慧教育是根本，教育是拔穷根、阻止贫困代际传递的重要途径。把贫困地区孩子培养出来，这才是根本的扶贫之策。针对凉山彝区精准扶贫重点领域，大力发展彝区学前教育，通过实施"一村一幼"计划，从源头上打破贫困"积累循环效应"，从根本上阻断贫困的代际传递，让彝区孩子与城里的孩子在同一起跑线上共同奔跑。

12 探索电商扶贫的新路子
——甘肃省陇南市精准扶贫案例

背景导读

　　习近平总书记在 2017 年新年贺词中指出："小康路上一个都不能掉队！"2016 年，全国又有 1000 多万贫困人口实现了脱贫。新年之际，习近平总书记最牵挂的还是困难群众，时刻牵挂着他们吃得怎么样、住得怎么样，能不能过好新年、过好春节。

　　甘肃省陇南市是全国最偏远和贫穷的地区之一。陇南市地处甘陕川三省交界的秦巴山集中连片特殊困难地区，辖 1 区 8 县、195 个乡镇、3201 个行政村，有 283 万人，其中农业人口 245 万人。2013 年底，全市贫困人口 83.94 万人，占全省 552 万贫困人口的 15.2%，贫困发生率 34.06%，居甘肃省第一，是甘肃省贫困面最大、贫困人口最多、贫困程度最深的市。

　　陇南是甘肃唯一的长江流域地区，气候宜人，生态良好、资源丰富，自然生长的树种 1300 多种，有中药材 1200 多种，是甘肃最大的中药材生产和出口基地，当归、红芪、纹党、大黄、半夏驰名国内外；全市种植农业特色产业近 1100 万亩，通过国家地理标志认证的农产品 16 个，花椒、油橄榄种植面积和产量在全国地级市中名列第一，核桃种植面积和产量居全国第二。但由于受信息、交通、物流、市场等多种因素制约，长期以来陇南优质农产品一直处于"养在深闺人不识"的尴尬境地，当地群众守着丰富的优质物产却难以转化为实际收入，严重制约当地脱贫步伐。

　　近年来，陇南市委、市政府围绕特色农产品销售、助农增收、加快脱贫致富步伐这一主题，把发展电子商务作为扩大销售、培育品牌、提高效益、助农增收的主渠道和突破口，在网络上搭建起陇南名

▶ 航拍的陇南市张坝社古村落（右上）和新农村安置点（左下）

优特产和优势资源走向市场的"快车道"。特别是在国务院扶贫办确
定为全国电商扶贫试点市后，陇南市精心选择了 450 个建档立卡贫困
村积极开展电商扶贫试点工作，认真探索电商带贫机制，深入推进电
子商务与精准扶贫的深度融合，走出了一条电商扶贫的新路子。2015
年减少贫困人口 14 万人，贫困发生率下降到 20.37%，农民人均纯收
入增幅达到 12.6%，居全省第一，高于全省平均水平 2.1 个百分点。
到 2016 年，陇南市累计已开办网店 10618 家，实现网络销售累计 45
亿元，新增就业 26213 人。

陇南的电商扶贫工作得到国务院督查组的充分肯定，李克强总
理和汪洋副总理分别就陇南电商扶贫工作作出重要批示。2015 年，
陇南被国务院扶贫办确定为全国首个电商扶贫试点地级市，并获得
"2015 中国消除贫困创新奖"。国务院扶贫办及时总结陇南电商扶贫

工作的经验做法，在陇南召开了全国电商精准扶贫现场推进会，在
"2016 扶贫日论坛"上授予陇南市"全国电商扶贫示范市"称号。

一、加强对电商扶贫工作的行政推动

按照"市抓统筹、县为主体、乡镇落实、到村到户"的工作要
求，市、县（区）成立了电商扶贫领导小组和办公室，专门负责电商
扶贫的政策制定、顶层设计、协调指导、工作推进、检查考核等工
作；在电商扶贫试点乡镇整合扶贫工作站和电商中心力量，成立电商
扶贫工作站；在 450 个建档立卡试点村培养一名合格的电商扶贫专职
信息员，负责电商扶贫服务点的管理工作，为群众提供在线交易、代

▶ 村级物流员和村级电子商务服务站负责人核对电商物流清单

购代销、信息服务、网货供应、物流配送等服务；整合省、市、县、乡各级帮扶力量，为全市 1365 个建档立卡贫困村成立了驻村帮扶工作队，把电商扶贫工作作为驻村工作队的重要工作职责和绩效考核的重要内容。市、县（区）在深入调研论证的基础上制定了《电商扶贫试点工作方案》和《实施意见》，落实工作责任，分阶段细化落实工作任务，及时召开动员部署会议和现场观摩会议，组织开展电商扶贫创业大赛、电商扶贫示范网店评选、电商扶贫论坛、电子商务进农家集中宣传等活动。在北京召开了全国电商扶贫陇南试点新闻发布会，在成县召开了全省电商扶贫工作现场推进会，营造了电商扶贫的良好环境。市县分别设立电商扶贫财政专项扶持资金，采取以奖代补等方式支持贫困村网店建设、网货开发、人员培训和物流快递发展。将农村网店纳入惠农贷款范围，引导金融部门有针对性地开发了"椒红宝""金橄榄""茶农网"等专项信贷产品，并给有开展电商扶贫意愿的贫困户优先解决 5 万元的精准扶贫小额贷款，为电商扶贫奠定了基础。

二、开展多层次的电商扶贫技能培训

按照按需培训、因材施教的原则，采取"走出去，请进来"等方式，开展全方位、多层次的电商扶贫精准培训。筹建了陇南电商职业技术学院，依托电商职业技术学院和市内外电商培训机构及电商龙头企业，对县区电商扶贫领导小组业务骨干、乡镇电商扶贫领导小组办公室人员以及试点村的驻村工作队、村干部、网店从业人员以及"两后生"开展全面培训；整合各县区人社、扶贫、农业、科技等部门培训项目资金和力量，对 450 个试点村群众开展农业实用技术、网货生产加工及网络宣传营销等基础知识、基本技能的培训，全年共举办各种电商扶贫培训班 6 万人（次）。大力开展顶岗培训、引导性培训，推动"网吧变网店、网民变网商，贫困户变电商扶贫户"，带动农村致富带头人、农产品购销和贩运商、专业大户、返乡青年、"两后生"自主创业，开办网店，壮大网商队伍。

三、加快推进贫困村电商扶贫网店建设

以扩大网店发展规模、提高网店发展质量、增加网店销售收入为主要目的，开展全市网店提质增效、网店培育、问题网店整改等活动。突出试点贫困村"一村一店"建设，提出了贫困村网店建设的"六有"（即有宽带网络、有上网设备、有 30 平方米的店面、有一定数量的网货、有线上交易额、有带贫承诺书）标准，采取以奖代补的形式对每个网店给予 10000 元的补助。对网店的策划、宣传进行统一规划指导，科学确定主打品牌，合理确定产品价格，有效开展营销活动，千方百计提高网店的运营水平和效益。在实践中，各县区因村施策，大胆创新，探索出了贫困农户创业型、能人大户引领型、龙头企业带动型、乡村干部服务型等贫困村电商扶贫网店建设模式，积极探索建立网店与贫困户的利益联结机制，网店以保护价优先收购、销售贫困户农特产品，并义务为贫困户代购生产生活资料，代办缴费、购票等业务，形成"一店带多户""一店带一村"的网店带贫模式。全市 450 个电商扶贫试点贫困村开办网店 735 家，带动贫困户 2.45 万户 9.7 万人，试点村网店销售总额达 2.53 亿元，其中建档立卡贫困户 5595 万元。

四、大力推进农产品网货开发打造

以市场为导向，立足陇南特色优势资源，大力发展核桃、花椒、

▶ 一位电商工作人员检查网销的苹果礼盒

油橄榄、中药材、苹果、茶叶、食用菌等特色产业，给每个试点贫困村研究确定了适宜网络销售的主打农特产品，积极制订农产品生产加工地方标准，推进标准化生产；对尚未形成优势产业的试点村立足实际，因地制宜，突出纯天然原生态和绿色环保特色，扶持发展短平快的适宜网上销售的致富产业，每个试点村形成 1—3 个特色产品，如土鸡、土鸡蛋、土蜂蜜、亚麻油、小杂粮、中药材、手工艺品等，使每个试点村的网店形成自己的特色优势和主打品牌。每个试点乡镇扶持发展一个特色农产品生产、加工、包装、销售的龙头企业；对试点乡村农业专合组织、土地流转企业和能人大户，以贷款贴息或以奖代补的方式进行扶持，促进农产品龙头企业、专合组织和能人大户与电商交易平台对接，与贫困户建立利益联结机制，吸引贫困户参与进来，实现多形式增收就业。

五、大力推进贫困乡村网络物流服务体系建设

全市投资 5.91 亿元加快乡村网络建设，鼓励群众采取集资的办法架设光缆，实现了全市城区及 195 个乡镇 4G 网络全覆盖。对 450 个试点村优先安排建设项目，对 100 个未通宽带网络的特困片区建档立卡贫困村实施了"宽带进村流量补助工程"，由通信部门建设网络基础设施，扶贫部门进行上网流量补助，实现了试点村宽带网络全覆盖。整合邮政站点、快递代办点、城乡客运、商业批发网点等资源，全面加强贫困乡村物流体系建设，大力发展草根物流，重点解决贫困乡村之间"最后一公里"不畅的问题，基本建成"县区有物流园、乡镇有快递服务站、重点行政村有代办点"的物流快递服务体系。对试点贫困村快递按单进行补助，降低了快递成本，为电商扶贫提供了有力支撑。

▶ 村级物流员为农民送货

六、持续推进基础设施等电商扶贫支撑体系建设

聚焦特困片区和贫困村社，整合资源加快基础设施建设步伐，三年硬化通村公路 10000 公里，今年硬化通村公路 3539 公里，全市行政村公路通畅率达到 99.7%。今年投资 14.53 亿元加快贫困乡村网络建设，全市有 2561 个行政村已通宽带，行政村宽带覆盖率由 2015 年的 65% 提高到现在的 80.8%；积极实施"宽带进村流量补助工程"，提高了宽带网络使用率。扶持市内本土电商企业创办的物流快递公司在有条件的村建立快递物流服务站点和业务收揽点，全市累计建设物流企业数达到 247 家，今年新增 20 家，快递网点累计建设数量 928 个，今年新增 142 个，基本形成了"县有中心、乡有站、村有点"三级物流配送体系，有效解决了快递物流"最后一公里"难题。组建了"支持电商扶贫快递联盟"，使全市快递费用从 2013 年的平均每公斤 10 元，降低到现在的平均每公斤 5 元。陇南电子商务产业孵化园和顺通电子商务物流园建成投用。礼县在西安、广州等地建立了苹果仓储配送点，大大降低了物流成本，提高了配送效益。"阿里巴巴陇南产业带"上线运营，苏宁、京东农村电商项目相继实施。礼县、宕昌县被确定为全国电子商务进农村示范县。

七、大力开展微媒营销活动

坚持把"微媒体营销"作为宣传贫困乡村特色资源、打造电商扶贫名片的"助推器"，推动陇南农产品走出大山、走向全国。充分运用全市 2900 多个政务微博、377 个政务微信公众平台、385 家政务网站以及众多个人微博、微信组成的微媒体矩阵，开展"网络媒体看陇南""陇南首届微摄影大赛"等活动，拍摄《向往陇南》等宣传片，

编印《陇南政务微博》《陇南网店大全》《陇南市电商扶贫示范网店风采录》等资料，宣传陇南特色资源，向外界展示了一个充满生机、希望无限的陇南。针对外出务工人员和在校大学生见多识广、分布面大、掌握信息多、思想超前等优势，利用他们的人脉资源，通过手机移动终端宣传叫卖家乡农产品。市县乡村广大干部带头，利用微博、微信、微视频等方式，宣传陇南特色产品、良好生态、旅游文化和民俗文化，涌现出如"核桃书记"、"苹果县长"、"红桔小书记"、大学生村官张璇、残疾人张攒劲等一批发展电商的典型。省网信办最近作了一个陇南特色农牧产品网商宣传关注度的统计，甘肃特产在微博上一共7600多万次的点击中，陇南特产就被点击了5000多万次。

陇南的电商扶贫实现了从无到有、从小到大的历史性变化，已经呈现出集中突破的良好态势。截至2015年底，全市共培训电商人才8.5万多人次，开办网店8674个，销售额达到26.5亿元（其中线上销售8.8亿元，线下销售17.7亿元），累计销售34亿元，新增就业3.7万人，直接带动贫困群众人均增收430多元，为贫困群众增收致富开辟了新渠道，电商扶贫日益成为陇南扶贫开发的重要方式，体现出多方面的综合成效。一是解决了贫困乡村农产品"难卖"的问题。陇南贫困乡村特色产品"养在深闺人不识"的困境得到彻底打破，核桃、花椒、油橄榄、苹果、柿饼、樱桃、土蜂蜜、土鸡、土鸡蛋等一批农产品品牌逐渐形成，当地熟食产品、刺绣等手工艺品、乡土文化产品等更多地走向了全国，也吸引了更多网上消费者和网下收购商。二是促进了贫困群众的增收。通过互联网不仅把贫困乡村的优质农产品销售出去，而且卖出了好价钱。礼县苹果在当地一斤最多卖到2.5元，通过电子商务网上销售，一斤可卖到7元，外地客商压价收购苹果的现象也没有了。三是倒逼了农村产业结构的调整和基础设施条件的改善。通过发展电子商务，促进了农业产业结构调整升级，有力地激发了农村经济活力。通过建设电子商务示范村，开展农家客栈、农家乐餐饮网络预订、网络代售景区门票、旅游产品和当地土特产等多项业务，扶持农村留守妇女发展民族文化产业、手工艺品和家庭手工业，带动了乡村旅游产业的升级发展。同时，通过电商扶贫，倒逼了农村基础设施改善，通村公路硬化率从 2014 年的 54% 提高到了 66%，宽带网络覆盖率从 41% 提高到了 69%，有各类物流企业 227 家、快递服务站 786 家、村邮站 1200 个。四是促进了贫困群众观念的转变。通过电商扶贫，打开了陇南发展的"创新之门""开放之门"和"致富之门"，让广大干部群众切身感受到了网络的强大威力，极大地改变了广大干部群众的工作和生活观念，促进了贫困群众"互联网思维"的树立、自我发展理念的转变，让贫困乡村农户、农业合作社等变身网商，学网、触网、用网成为农村群众的新时尚，一大批未就业大学生、贫困家庭"两后生"、家庭妇女、残疾人加入到电商创业队伍，形成了一大批自力更生、脱贫致富的生动案例。五是创新了扶贫工作机制。电商扶贫不仅开辟了农产品销售的新渠道，催生了流通服务的新业态，而且传播了"互联网+"的新理念，搭建了创业创新的新平台，开拓了扶贫工作的新领域，增添了同步小康的新动力，已经成为陇南创新发展的最佳案例、宣传推介陇南的最好品牌、群众增收致富的最新路子，陇南扶贫开发的新模式。试点开展以来，先后有 14 个省市的 200 多个考察团、约 5000 多人赴陇南考察学习电商扶贫工作。

专家点评

陇南市在成为全国电商扶贫试点以来，瞄准建档立卡贫困人口，定位准确，组织得当，保障有力，先试先行，积极创新，打造出"各方参与、资源整合、优势互补、倒逼升级、精准带贫、形成生态"的电商精准扶贫新模式。在较短的时间里初步解决了农副产品"难卖"问题，实现了贫困人口因电商而增收，贫困发生率的大幅下降，转变当地群众的落后观念和思维惯性，为未来扶贫攻坚工作的顺利推动，奠定了坚实的实践基础和思想基础。

陇南电商精准扶贫，通过"小农货"对接"大市场"，解决贫困农村农产品"难卖"问题，促进贫困群众收入增加，贫困发生率进一步降低，多种带贫模式使得特别困难群众体面生活。同时，电商精准扶贫倒逼产业结构优化，带动基础设施建设改善；推动商业参与和社区参与，促进村民思想观念转变；打造多种带贫模式，创新扶贫工作机制。陇南市电商精准扶贫是系统的、高效的、杰出的扶贫工程。该实践不仅有效推进陇南市实现电商精准扶贫、精准脱贫工作，同时对我国其他贫困地区电商精准扶贫起到了很好的示范和引领作用，对于我国的扶贫攻坚事业的推进也有较大的借鉴意义和应用价值。

陇南充分尊重市场规律的同时，探索政府引导、市场推进、社会参与、协会运作、微媒助力"五位一体"的发展模式。特别是在特困片区、贫困村，整合双联、电商、扶贫力量，建立双联驻村工作队"一对一"网店发展帮联机制和"一店带一村带多户"网店带贫机制，并初步探索形成了网店带贫、"就业"带贫、"平台"带贫、"信息"带贫、"工程"带贫五种电商扶贫新模式。

13 绿色发展助力脱贫攻坚

——湖南省芷江侗族自治县精准扶贫案例

背 景 导 读

建设生态文明关系人民福祉，关乎民族未来。习近平总书记强调指出，环境就是民生，青山就是美丽，蓝天也是幸福。要像保护眼睛一样保护生态环境，像对待生命一样对待生态环境。

据统计，全国 832 个贫困县，就是 680 个片区县加 152 个片区外的重点县，有 380 多个是在国家划定的主体功能区的核心区，或者是禁止开发区，贫困县如何在加强生态保护，处理好经济发展与生态保护矛盾，将经济效益、生态效益和社会效益统一起来，是个重大课题。对于贫困县而言，绿色发展进一步拓展了脱贫攻坚的路径，成为精准扶贫的必然选择。

芷江侗族自治县，隶属湖南省怀化市。全县总人口 39.1 万人，少数民族人口 24.6 万人，占总人口 62.9%；其中，侗族人口 21 万人，占总人口 53.7%；苗族 2.9 万人，土家族 0.7 万人，另有回族、瑶族、壮族、蒙古族等共计 26 个少数民族，是一个以侗族为主体的多民族县。中国人民抗日战争胜利受降旧址位于怀化市芷江侗族自治县芷江镇七里桥村，是中国人

▶ 芷江蔬菜基地

民接受侵华日军投降之地，被誉为"中国凯旋门"。

芷江侗族自治县是武陵山区片区连片特困地区区域发展与扶贫攻坚重点县。该县贫困面积大、贫困人口多、贫困程度深。2014 年底，贫困发生率为 14.9%，全县 299 个行政村，其中国家级贫困村 95 个，贫困人口人均纯收入 2015 年仅为 2638 元。同时，芷江又是典型的山区丘陵县，自然资源丰富，生态环境优良，是"全国生态示范县"，具有发展绿色特色产业的潜力。近年来，该县把发展绿色产业作为扶贫攻坚的突破口，通过发展绿色农业、打造绿色果林、开发绿色旅游、维护绿色环境，助力脱贫攻坚，实现了精准扶贫与绿色发展双赢目标，加快了脱贫致富奔小康的步伐。

主要做法

一、发展绿色农业

芷江是传统的农业县，农业发展水平不高，历来以种植水稻等粮食作物为主，经济作物较少，农产品附加值低，农民收入低。针对这一现状，该县立足资源禀赋的优势，大力发展绿色粮油、绿色蔬菜、畜禽养殖等高效生态农业，增加了贫困群众的收入，实现了农业绿色发展。一是大力发展绿色粮油。通过开展化肥、农药"零增长"行动，普及测土配方施肥技术，引领粮油生产时刻把"绿色"摆在前。全县粮食播种面积和总产量分别稳定在 52 万亩、20 万吨以上，优质稻、优质水果等农产品基地发展到 53.56 万亩，先后获评全省粮食生产标兵县、全国杂交水稻制种生产基地县。"三品一标"产品产地认证认定累计 41 个，无公害农产品产地累计认定面积 30 余万亩，粮食价格稳步上升，农民种粮的积极性普遍高涨。二是大力种植绿色

▶ 芷江全国杂交水稻制种基地

蔬菜。按照因地制宜、突出重点、统一规划、集中连片的要求，大力推广日光温室、塑料大棚、地膜覆盖技术，种植反季节蔬菜，建成了一批蔬菜面积生产基地、蔬菜生产集中示范区和蔬菜生产专业村。种植商品蔬菜达6.8万亩，生产各类蔬菜28.25万吨，总产值达4.52亿元，拓展了农民增收的渠道。三是大力发展畜禽养殖。利用自然条件、山林资源，实行"放养"，发展绿色养殖，形成了以绿壳蛋鸡、芷江鸭、肉牛、生猪为主的畜禽经济。目前，全县年出栏家禽800万羽以上，生猪40万头以上，肉牛1.2万头以上。四是强力扶持绿色食品加工龙头企业，推动农业工业化发展，增加农产品的附加价值，并创造更多就业岗位。全县规模以上农产品加工企业发展到23家，累计培育省级以上龙头企业2家、家庭农场70个、农民专业合作社236家，逐步形成了绿色产业化的经营模式。2016年，该县农民人均纯收入达到7284元，超过3100元的脱贫标准线。

二、打造绿色果林

俗话说："靠山吃山、靠水吃水"。芷江山地资源丰富，森林覆盖率达67.53%，要想贫困群众脱贫致富，必须依托山林优势，发展特色产业。近年来，芷江不断挖掘残次林、荒山资源潜力，加大开发力度，因地制宜发展果树、经济林、中药材等山地特色效益农业。截至目前，全县经济作物总面积 39.8 万亩，其中柑橘 19.76 万亩、水蜜桃 17.24 万亩、柚子 0.28 万亩、猕猴桃 0.22 万亩、葡萄 2.3 万亩，是远近闻名的"水果之乡"。果品产业总产值达 14.13 亿元，覆盖了全县 3.3 万贫困群众。同时，以兴林富民为目标，在发展林下畜禽养殖的同时，抓好林下种植，充分利用好每一寸山林资源，帮助群众增加收入。目前，全县林下种植药材、茯苓、魔芋等共计 1.85 万亩，种植农户户均增收 1000 元以上。

三、开发绿色旅游

习近平总书记曾指出："我们既要绿水青山，也要金山银山。宁

▶ 芷江水蜜桃基地

要绿水青山，不要金山银山，而且绿水青山就是金山银山。"如何把绿水青山变成金山银山，开发绿色乡村旅游就是其中重要的纽带。芷江充分发挥生态资源优势，发展乡村绿色生态旅游，加强美丽乡村传统村落的打造，充分挖掘特色民族文化村寨的亮点，打造特色产品、休闲养生、观光旅游为一体的特色生态旅游。目前，已建成了"休闲""民俗""体验""生态"为主的乡村旅游体系，每个乡镇立足自身实际，发展民俗旅游、文化旅游、生态旅游，形成了以明山湖度假休闲区、"农家乐"民俗风情区、农业休闲体验区、三道坑自然保护区四大休闲农业与乡村旅游特色区域，各类星级农家乐达到10余家，年均接待游客达100万人次，直接或间接带动就业2.8万人，年人均增收5000多元。

▶ 芷江现代农业产业园薰衣草基地

四、维护绿色环境

贫困地区之所以落后，原因之一是生产生活环境的落后。因此，坚持绿色发展，为群众提供干净的饮水、通畅的道路、舒适的房屋、健全的医疗等，关系广大群众的最根本利益，也为贫困地区提供了良好的发展环境。芷江围绕"生态好、环境美、农民富"的目标，在维护绿色环境中改善生产生活条件，实现了生态建设与扶贫开发双赢。一是保护生态资源。高度重视生态建设，在经济社会快速发展的同时，维护好绿色环境。目前，累计完成林业重点项目45.56万亩，国省道绿化提质里程139公里，活立木蓄积量达640万立方米，荣获"全国绿化模范县"称号。建成国家级生态乡镇8个、省级生态村22个，成功纳入国家重点生态功能区，有效地保护了绿水青山。

2017年，该县将实现19个村脱贫摘帽；5053户16959人脱贫致富。当年底，仅剩5696户19115人未脱贫，按照这个发展速度，2018年可全面实现脱贫摘帽。

专家点评

发挥后发优势、推动产业腾飞。贫困县一般都是山区县，由于山高路远，交通不便，导致区域的欠发达，成为全国经济社会发展的"洼地"。欠发达地区没有搭上前班发展的快车，还可以利用后发优势，发展绿色产业，走新的脱贫致富路。芷江县脱贫攻坚的做法不仅解答了后发优势是什么优势，还指明了如何利用后发优势脱贫致富。

一是利用好天时地利人和。天时——市场需求的质变，为贫困县的崛起、绿色产业的发展提供机遇。我国已经进入中高收入阶段，消费者对安全食品、宜居环境的要求越来越高，绿色产品有了日益增大的需求。人和——党中央制订了 2020 年完成脱贫目标，"千军万马齐扶贫"，政策向贫困人群聚焦，资金向贫困县聚集，缺钱的贫困地区有了开发和扶贫的本钱。地利——未被工业化侵蚀的地区，留下的生态环境、传统文化，成为了稀缺资源，绿水青山是金山银山，是贫困县带领贫困群众脱贫致富奔小康的潜能。这是过度工业化地区不再具有的东西，是贫困地区独有的优势，具有不可替代的后发优势。

二是发展绿色产业是一项系统工程，要经历资源变资本，资本聚产业的过程。因为绿水青山不等于金山银山，绿水青山要变成金山银山。首先，资源要产品化。建设高标准的绿色食品生产基地，通过管好土、水、肥、种、药，控制好食品的源头，扩大基地规模形成批量产品生产能力，建设好统一的管理标准确保可持续生产能力，从而生产出一定量的绿色产品。其次，产品要增值化。培育好加工企业，把易于腐烂、低附加值的产品经过深度加工，做到保质增值，开拓市场。

三是生态环境的优化。绿水青山是金山银山的基础，是绿色产业可持续发展的根基，在绿水青山变金山银山的过程，必须保护好绿水青山，生态建设要紧抓不放，环境保护绝不手软，切不可只要金山银山，毁了绿水青山。

四是绿色利益的共享化。绿水青山是劳动群众积累的财富，市场化、产业化带来的利益，也必须让他们共同享有。通过建立农民合作社，提高农民发展绿色产业的参与度，增强农民的话语权，形成"合作社＋龙头企业＋政府"的利益共享机制，确保贫困群众分享到发展红利。

14 红色引领率先脱贫
——江西省井冈山市精准脱贫案例

背景导读

井冈山，作为中国革命的起点，在全面脱贫奔小康的伟大征程中，又站在了新的起点上。90多年前，中国革命的星火，从井冈山开始燎原全国。90多年后的今天，在这片为中国革命和建设作出巨大牺牲和贡献的红土地上，打响脱贫奔小康的"第一枪"，意义非凡。当年整个井冈山革命老区追随毛主席、追随共产党参加红军的有18万多人，有名有姓的革命烈士达5万余名，为中国革命作出巨大牺牲和贡献。行程万里，不忘初心。让老区人民过上幸福生活，是革命先辈的未尽夙愿，更是中国共产党对这片红色土地的庄严承诺。

2016年2月1日至3日，习近平总书记带着对老区人民的深情牵挂，带着对红土地儿女的深厚感情，重上井冈山。总书记在井冈山考察结束时指出："井冈山时期留给我们最为宝贵的财富，就是跨越时空的井冈山精神。"就是要求井冈山的干部群众继续发扬井冈山精神，坚持理想追求、依靠群众闯新路、勇于奋斗攻难关，在扶贫攻坚伟大战斗中走在前列，率先脱掉贫困帽、大步前进奔小康。

由于井冈山地处山区，又是革命老区，历史的、自然的各种主客观因素叠加，发展缓慢。一方面，经济总量较小，增量不够，结构不优，自身造血功能不足，公共服务水平不高；另一方面，贫困程度较深，脱贫成本较高。截至2013年，全面小康实现程度为86.84%，其中城乡居民收入小康实现程度仅为55.03%。即便是那些已经脱贫的，有些收入也很不稳定，一遇天灾病患很容易再度返贫。

然而，井冈山人不低头、不认穷，发扬了井冈山精神，奋力发展经济、强力脱贫攻坚，取得了全国瞩目的成绩。贫困人口大幅减少，

▶ 神山村曾是茅坪乡最贫困的村庄

贫困群众收入持续增加，贫困乡村面貌焕然一新。实现了 25 户以上自然村全部通水泥路、通自来水，所有行政村卫生室、文化室、党建活动室均已达标，村庄整治、产业发展、技能培训、危旧房改造均实现了全覆盖。走出一条以产业为根，立志为本，不让一个老区群众掉队的精准扶贫之路。井冈山是中国革命的摇篮，中国革命从这里开始，由此从胜利走向胜利。在新的征程中，伟大的脱贫攻坚战，再次从这里出发，跨越时空的井冈山精神将再次在全面奔小康的伟大实践中放射出新的时代光芒。

主要做法

一、精准号对脉，找准发力点

一是精准对象——变"面上掌握"为"精准到人"。三卡识别，精确"扫描"每一个贫困户，做到心中有数。创新提出红卡（特困

▶ 大井村农户带着借住在家里的小游客体验菜园采摘

户）、蓝卡（一般贫困户）建档立卡办法，不搞"大概印象、笼统数据"，而是聚焦"贫困面有多大、贫困人口有多少、致贫原因是什么、脱贫路子靠什么"等一系列问题，以"村内最穷、乡镇平衡、市级把关、群众公认"为原则，以"一访（即走访农户）、二榜（即在村和圩镇张榜集中公示）、三会（即分别召开村民代表大会、村两委会、乡镇场党政班子会）、四议（即通过村民小组提议、村民评议、村两委审议、乡镇场党政班子决议）、五核（即村民小组核对、村两委审核、驻村工作组核实、乡仲裁小组核查、乡镇场党政班子会初核）"的办法，让群众身边最熟悉情况的人来把关，并将贫困程度相对较好，2014 年已经实现脱贫的贫困户定为黄卡户，确保贫困户一个不漏。

二是精准举措——变"大水漫灌"为"精确滴灌"。"对症下药"，项目、资金、政策因户"滴灌"，做到方略有谱。在全面摸清摸透贫困村、贫困户基本信息的基础上，大力整合多方资金，因地制宜，因人施策，充分依托贫困群众现有资源和自身优势"开方子"，以"十大工程"为抓手，突出产业扶贫、安居扶贫、保障扶贫三大工程，让"项目资金跟着穷人走"，把"血液"输到"静脉"，有效激活贫困群众的自我"造血"功能。

（1）"有能力"的"扶起来"，根据贫困群众的致富意愿、劳动能力的实际，有针对性地制订帮扶政策和措施。能就业的，帮助联系合适的工作岗位，实现"一户一人务工，全家不用受穷"；能创业的，从资金、技术、服务等多方面入手，扶持发展致富产业，确保家家有一个致富产业，户户有一份稳定收入。

（2）"扶不了"的"带起来"，针对部分贫困群众缺乏劳动能力、难以自我发展的实际，由政府帮助贫困群众以产业扶贫资金入股，大力引导当地龙头企业、农民专业合作社和致富能人、党员干部发展多种农业产业，带动贫困群众共享产业发展成果，确保稳定脱贫。

（3）"带不了"的"保起来"，聚焦完全丧失劳动能力的贫困群众，和因病、因残、因教育等致贫的贫困群众，在落实国家普惠性社会保障政策的基础上，由井冈山市本级财政掏腰包，叠加实施相应的差异性保障政策，并积极推进扩面提标，确保这部分贫困群众收入年年有增加。

（4）"住不了"的"建起来"，实行差异化奖补政策，全力消灭危旧土坯房。坚持规划先行，注重与美丽乡村建设相结合、与镇村联动点建设相结合、与农村清洁工程和村庄整治相结合"三个结合"，确保每一栋土坯房都拆得动、建得起、住得进，确保不让一个贫困户在危旧土坯房里奔小康。

三是精准管理——变"固定受益"为"精准进退"。动态管理，实时掌握贫困群众实际情况，做到脱贫有序。不搞"贫困终身制"，而是实行"户有卡、村有册、乡有簿、市有电子档案"，及时更新贫困信息、及时跟进管理，按照国家脱贫标准，严格核查把关，对完全符合标准、能够脱贫的贫困户、贫困村予以退出，对新增和返贫的贫困户及时纳入，做到应进则进、应扶则扶，确保"贫困在库、脱贫出库"。

二、抓住关键，扶业造血

一是找准致富路子，实现家家有产业，确保贫困群众能致富、可持续。首先，推进"产业+"，实现"资源变资产、资金变股金、农民变股东"。发展致富产业找准脱贫门路。脱贫攻坚，产业是根。因地制宜，选准产业，"十三五"期间，重点打造20万亩茶叶、30万亩毛竹、10万亩果业种植加工基地的"231"富民工程，实现"一户一丘茶园、一户一片竹林、一户一块果园、一户一人务工"的"四个一"产业扶贫模式。固化利益联结找准脱贫"靠山"。采取股份制、联营式、托管式等合作模式，通过吸纳贫困户，或以资金或以土地，或以劳动力入股等形式参与产业发展，固化贫困户与企业、基地、合作社的利益联结，让资源变资产、资金变股金、农民变股东。延伸产业链条找准脱贫抓手。积极探索"金融+扶贫""电商+扶贫"等产业扶贫模式，带动贫困户增收脱贫。在所属乡镇建设"村邮乐购·农村e邮"电商扶贫站点18个，形成"前店后村"的电商产业发展模式，带动贫困农户增收致富。其次，推进"旅游+"，变"单一为综合、过客为常客、潜力为实力"。坚持以旅游开发带动扶贫开发理念，大打井冈旅游牌，深入挖掘各地旅游资源，推进融合农业观光、农家乐、休闲度假等差异化、个性化的全域旅游，构建"大井冈旅游圈"和"湘赣旅游圈"，变单一的"井冈山上游"为"山上山下综合游"，变"过客来了就走"为"常客来了就留"，变"农旅融合潜力"为"农业产业发展实力"，为贫困群众开启了旅游脱贫的绿色新通道。第三，推进"就业+"，实现"一户一人务工，全家不再受穷"。探索开展公益性岗位扶贫，全市开发了 857 个村组公益性岗位，整合生态保护扶贫涉林岗位470个；发挥井冈山景区、城区、园区资源优势，共吸纳 2694 名贫困群众就业，实现"一人务工、全家脱贫"。对具备一定创业条件的贫困劳动力，给予免费创业培训和指导，已扶持带动 43 名贫困对象自主创业或参与创业，累计发放创业担保贷款 560 万元。

　　二是全力推进安居，实现户户有其屋，确保贫困群众建得起、住得好。 首先，采取"五个一点"确保"建得起"。通过政府补一点、群众出一点、社会捐一点、扶贫资金给一点、银行贷一点等途径，筹措安居工程资金，实行拆旧建新、维修加固、移民搬迁、政府代建四种建房模式，确保每一栋土坯房都拆得动、建得起、住得进。2016年，共投入资金近 8000 万元用于安居扶贫，共维修拆除危旧土坯房

▶ 商户正在对生产的野山茶油进行过滤去除杂质

6718 栋，新建 1802 栋，解决了包括贫困群众在内的 6708 户群众的住房难题，拆除后腾出的宅基地能满足全市农村 5 年的建房需求。其次，实施"两套方案"确保"搬得出"。引导贫困移民向中心村镇、工业园区和城区有序"转移"。针对一般贫困移民户，实施搬迁奖补，人均补助 2 万元；针对特别贫困移民户，采取政府统建"爱心公寓"的交钥匙工程进行集中安置。第三，完善"两类配套"确保"住得好"。"住得好"才是持续稳定发展的必然条件。针对危旧土坯房改造模式，主抓村庄整治和基础设施配套。开展了"消灭危旧土坯房，建设美丽乡村"攻坚行动，让贫困户住上安居房，拥有美丽家园。针对移民搬迁模式，主抓就业配套和产业配套。重点在安置点周边发展规模产业，确保搬迁户有就业、有收入、有保障。

三是落实兜底政策，实现人人有保障，确保贫困群众不掉队、全覆盖。在推进低保扩面提标中，统筹推进社会保障扶贫、就业扶贫、健康扶贫、教育扶贫，不断将政策向贫困人口与贫困户叠加，扎牢兜底保障网，确保每一个贫困户都能实现"两不愁，三保障"。首先，实施"两提标"，推进社会保障扶贫，让贫困群众日常生活不愁。按照"应保尽保"要求，将保障政策向贫困户聚焦、向困难户叠加，推进贫困线和低保线"双线合一"，今年新增贫困户扩面指标 880 名。贫困户低保金按照年均 12% 的增长比例提标。针对红卡户低保对象，在上年省定标准基础上每人每月提标 40 元，对红卡户非低保人口，井冈山市本级财政，按每人每月 100 元标准发放市级低保金。目前已累计发放贫困户低保金 1320 余万元，红卡户人均享有 2340 元，扎扎实实兜住了贫困底线。其次，解决"因病致贫、因病返贫"，推进健康扶贫，让贫困群众看得起病。通过建设村级卫生室、乡镇医疗流动站点、开展巡回医疗等形式，确保贫困户小病不出村，大病不出县（市）。为贫困户全额代缴新农合及医疗附加险费用，取消乡、县两级住院补偿起付线，在省、吉安市级重大疾病定点医疗机构把住院补偿比例提高到 70%。第三，实行"减免并举"，推进教育扶贫，让贫困群众上得起学。全力扩大资助面，实行贫困户子女从学前到大学的一揽子费用减免和补助政策，对红卡户子女实行高中阶段学费、书本费全免并每人每年补助 2500 元。率先实施从中招师范"三定向"招生指标中切出 30% 用于招录建档立卡贫困户子女，报考中招水利"三定向"的贫困户子女可享受 20 分的加分政策。对考取全日制普通高等院校和职业院校的贫困户子女分别按每年 4000 元和 2000 元标准补助，连续补两年，消除贫困的代际传递。

三、建立精准脱贫的长效机制

一是创新干部帮扶机制，解决"缺力量"的问题。井冈山建立了"321"帮扶责任机制。即县处级以上领导干部帮扶 3 户贫困户、科级干部帮扶 2 户贫困户、一般党员干部帮扶 1 户贫困户，做到"乡乡都有扶贫团，村村都有帮扶队，一村选派一个第一书记，一个贫困户确定至少一名帮扶责任人"，实现全市 3000 多名党员干部人人都参与脱贫攻坚。帮扶干部放下身子，挽起裤腿，当起了"泥腿子"，纷纷深入基层一线，走"亲家"串"亲门"，共谋划、同思考，深挖贫困根源，找准帮扶"药引子"，带领贫困群众以井冈山精神建设井冈美好家园，坚决把扶贫各项措施落到实处。

二是实施了"党建＋脱贫攻坚"行动。"脱贫攻坚，给钱给物，还得给个好支部，探出好思路。"始终把党的力量挺立在脱贫攻坚前沿，坚持脱贫攻坚在哪里，党建工作跟进到哪里；脱贫项目在哪里开展，党员作用就在哪里发挥。全力发挥党组织的政治优势、组织优势，以及基层党组织的战斗堡垒和党员干部先锋模范作用。"火车跑得快，全靠车头带""支部强不强，关键靠头羊"。选派了 112 名科级干部到村担任扶贫"第一书记"、109 名科级后备干部担任"村党组织副书记兼主任助理"，从致富能手、"田秀才"、"土专家"中选优配强班子。注重把党组织建在扶贫产业链、移民安置区、专业合作社和龙头企业中，采取"支部＋企业＋基地＋贫困户""支部＋移民安置点"等模式，壮大村集体经济，带领群众增收致富。目前，全市306 个专业合作社及产业协会、43 个移民集中安置点已实现党的工作全覆盖。"党员带头做，群众跟着做。"加大对农村党员的培训力度，对党员分期分批开展冬训、春训，让党员掌握政策和一技之长。在党员干部的带领下，贫困群众与贫困作斗争的信心与决心进一步增强，参与产业从"要我富"变成"我要富"，拆除土坯房从"不愿拆"到

▶ 打糍粑已成为神山村特色民俗体验项目

"带头拆"，参与村庄管理从"不愿管"变成了"热心管"。

三是创新资金投入机制，解决"缺资金"的问题。首先，对上千方百计争取支持大整合。积极跑部跑省，争取上级各项支持，同时，充分利用好专项扶贫资金，积极整合各类资金，确保今年脱贫攻坚资金投入不低于 4 亿元。其次，对内想方设法挤出资金办大事。在有限的财力下，挤出脱贫攻坚专项保障资金，撬动担保贷款、贷款贴息、产业保险等各类扶贫资金 1.4 亿元，对贫困户实行差异性倾斜；从旅游门票收入和土地出让金中各切出 10%，筹措 2000 万元以上的特殊扶贫基金。第三，对外千方百计借力借帆"开大船"。积极争取社会各界支持，原南京军区倡导的"三联"活动帮扶面逐步扩大，帮扶乡镇从 6 个增加到 9 个，累计援助资金 6600 余万元；科技部 27 年如一日，大力推进科技扶贫，累计投入资金 3.2 亿元，实施各类项目 326 个，为脱贫提供了巨大支持。

四是创新长效退出机制，解决"过得硬"的问题。对照国家脱贫要求，探索建立了自我加压式的脱贫目标，符合脱贫标准的严格退出，落到贫困线以下的及时纳入，做到帮扶措施落实情况明明白白，实现脱真贫、真脱贫。

专家点评

井冈山如期率先脱贫"摘帽"，充分彰显了党中央特别是习近平总书记深厚的老区情怀、对老区人民的深深牵挂，也昭示了中国特色社会主义制度的特殊优越性，显示了人民群众特别是贫困地区干部群众的巨大创造力。井冈山精准扶贫、精准脱贫的一些做法值得借鉴和弘扬。

一是产业长效造血，是决战决胜率先脱贫的最基础根本。"输血"解决基本保障，"造血"解决长期发展。扶贫真正扶到根上，关键是提高贫困群众的自我发展能力，实现"村村有主导产业""户户有增收门路"。在井冈山，探索了"三变"产业的"造血"模式，即产业脱贫中瞄准土地资源丰富的优势，大力发展"茶、竹、果"等优势特色产业，整合盘活资源，变资源为资产，变资金为股金，变农民为股东，使农民从仅收租金，变成长久坐拥租金、佣金、股金"三金"，有效增强了贫困群众的造血功能，实现贫困户持续增收、稳定脱贫。

二是突出志智双扶，是决战决胜率先脱贫的内生动力。物质扶贫固然重要，精神扶贫、文化扶贫更为重要。井冈山推进教育扶贫，让贫困群众上得起学，把"扶志"与"扶智"结合起来。首先，通过"扶志"，消除思想上的贫困。转变思想理念，改变资金补助方式，由生活补贴转变为产业奖补。重点在产业发展、进城务工、自主创业等方面给予重点扶持，变群众"要我脱贫"为"我要脱贫"，克服"等靠要"思想，从骨子里挖除"病根"，激发其想脱贫、能致富的内生动力，形成贫困群众自己与贫困作决断的战斗。其次，通过"扶智"，消除世代传递的贫困。通过建立教育爱心基金，对贫困户的子女从幼儿园、小学、中学到职业教育给予一揽子的政策帮扶，绝不让一个孩子因贫困而失学，切实消除贫困的代际传递。

15 委托帮扶精准扶贫
——湖南省湘西州泸溪县精准扶贫案例

背景导读

2013年11月，习近平总书记来到十八洞村考察调研时，作出"精准扶贫"重要指示。总书记指出：加快民族地区发展，核心是加快民族地区全面建成小康社会步伐。发展是甩掉贫困帽子的总办法，贫困地区要从实际出发，因地制宜，把种什么、养什么、从哪里增收想明白，帮助乡亲们寻找脱贫致富的好路子。

国家扶贫重点县泸溪县始终按照习近平总书记关于"扶持对象精准，项目安排精准，资金使用精准，措施到户精准，因村派人精准，脱贫成效精准"的"六个精准"与"扶持生产脱贫一批，异地搬迁安置一批，生态产业补偿一批，低保政策兜底一批，医疗救助及教育助学扶持一批"的"五个一批"要求。以精准扶贫、精准减贫、精准脱贫为目标，扎实推进农村特色产业、基础设施和科教扶贫，齐心协力紧擂同步小康的脱贫攻坚战鼓。2016年是推进脱贫攻坚最重要的一年，按照"规划到村、项目到户、帮扶到人"的要求，做到分类施策、精准扶贫、精准脱

▶ 铁骨猪养殖基地

贫、摘帽脱贫，坚决打赢精准脱贫攻坚战。在扎实推进脱贫攻坚战中，将继续整合各类扶贫资金，在加大对贫困村水、电、路等基础设施的民生项目建设的同时，按照"一乡一业、一村一品、一户一策"摘帽脱贫模式，采取"公司＋基地＋贫困农户＋合作社"股份合作及"直接帮扶""委托帮扶"等方式，引导龙头企业与贫困户结成利益共同体，带动整村、整乡、整个区域产业调整和农民脱贫致富。

湖南湘西泸溪县的潭溪镇铁骨猪养殖合作社，是该县农业产业化龙头企业——泸溪辛女食品有限公司创办的。2014 年，泸溪辛女食品有限公司受县扶贫办委托，通过组建合作社的方式，发展铁骨猪的养殖，带动贫困农户脱贫致富。该合作社积极实施"政府扶持、免费供种、分户养殖、统一指导、生态育肥、统一回收、统一加工、统一营销"的扶贫模式，扶持建档立卡贫困户 385 户 1540 人。经过两年的努力，铁骨猪产业发展壮大，每人年均增收近 3000 元。这种"政府委托＋企业经营＋合作社服务＋贫困户养殖"的扶贫模式，值得肯定。

主要做法

一、政府扶持，精准供猪

浦市铁骨猪原产于泸溪县浦市镇，具有耐粗食、适应性强、抗病力强、繁殖力高、肉质好等特性，是国家级畜禽遗传资源保护品种，中国优势农产品地理标志登记产品，非常适合因"劳动能力差、文化水平低、收入来源少"的贫困农户进行传统生态养殖。在委托帮扶中，潭溪镇铁骨猪养殖合作社（以下简称"合作社"）负责仔猪生产、养殖技术指导、保险理赔和回收加工，农户负责猪舍建造和铁骨猪饲养。当铁骨猪仔断奶后，经过 15 天适应性保育，体重达到 20 公斤左右，合作社即在县扶贫办、县畜牧局和当地政府、村委会干部共同监督下，按人均 2 头的标准免费发放给有养殖意愿的建档立卡贫困户，并与他们签订委托饲养和收购协议。

二、委托帮扶，滚动发展

县扶贫办负责统计有养殖意愿的建档立卡贫困户，并按购买浦市铁骨猪仔猪质押金每人 2000 元，购买仔猪价每头 800 元的标准，将财政专项扶贫资金一次性投入合作社。合作社的委托帮扶实行"实物投放，滚动发展"，先将仔猪发放给贫困户，由贫困户按传统生态养殖方式分户饲养，待铁骨猪体重达到 100 公斤以上，再按每公斤高于市场价 10 元的价格回收。回收时，合作社从猪款中扣除仔猪款，以作滚动发展，并给贫困户返还质押金每年所产生的 10% 效益（200 元）。

三、统一指导，防控风险

为进一步跟踪管理、服务贫困户饲养全过程，合作社对贫困户养殖和技术服务情况实行"一户一册一登记"，统一进行饲养技术指导，即前 3 个月"60% 精料

▶ 铁骨猪养殖基地为贫困户发放仔猪

+40％青饲料"，后 4 个月 "70％青粗料 +30％青饲料"，坚决杜绝添加饲料添加剂。同时，无偿开展铁骨猪养殖疫病防控等全程技术服务，办理育肥猪保险理赔事宜，降低养殖风险，让贫困户养得放心，养得开心。

四、统一加工，双线营销

合作社以泸溪辛女食品有限公司为龙头，经营开发浦市铁骨猪和其他特色农产品。泸溪辛女食品有限公司注册了"辛女牌"浦市铁骨猪腊肉商标（年生产加工浦市铁骨猪腊肉 200 吨），负责浦市铁骨猪熟食品研发和加工，打造文化旅游食品，负责产品市场准入工作。同时，结合政府引导，整合泸溪农业品牌产品，搭建了电子商务平台，产品开展线上与线下销售，开创了公司（合作社）和农户（贫困户）双赢局面。

这种委托帮扶模式运行两年来，取得了初步成效，不仅充分发挥了本地资源优势、形成了特色生态养殖产业、创立了"辛女牌"牌系列食品，同时，也发挥了贫困农户在家庭养殖中的作用，确保农民从中获得经济收益。据统计，仅 2015 年，合作社共在潭溪、洗溪、武溪和浦市 4 镇投放仔猪 3080 头，扶持贫困户 385 户，1540 人开展浦市铁骨猪生态育肥，出栏商品肥猪 2780 头，扣除仔猪成本价和饲养成本价，贫困户人均年增收近 3000 元。

专 家 点 评

泸溪县的委托帮扶模式，是一种因地制宜、行之有效、合力扶贫的好方式。主要好在以下三点上：

一是发挥各自优势，共建扶贫机制。政府部门作为精准扶贫战略的实施者，在信息、资金、组织上拥有独特的优势，比如，掌握完善的贫困户信息、有完善的工作组织、有扶贫专项资金，但是，缺乏发展特色产业的市场渠道、加工技术、服务能力；而农业龙头企业虽然在品牌、渠道、技术上有优势，但是组织农民生产的成本过高，效率较低；而贫困农户则拥有养殖的原生态的传统、有低成本的优势，但是，缺少资金、品牌和技术。将政府、企业、贫困农户以经济手段为中介联合起来，建立扶贫共同体，发挥各自的优势，形成发展的合力，推动扶贫攻坚目标的实现。这种做法，改变了政府"一竿到底""人人包扶"传统做法，瞄准产业发展，发挥企业的带动作用。

二是委托帮扶，权责明晰。泸溪模式中，委托关系是基础，厘清了扶贫主体和帮扶对象的权责，提高了扶贫工作的效率。这里有两层委托关系：政府扶贫办委托企业（合作社）帮助贫困户发展养殖业，同时将帮扶贫困户的财政转向扶贫资金一次性支付给企业，如购买浦市铁骨猪仔猪按质押金每人 2000 元，购买仔猪价每头 800 元的标准，并提供已建档立卡的愿意从事养殖的贫困户信息，并负责监督实施的全过程。企业则委托贫困户养猪，并负责提供仔猪、技术服务、保险理赔和回收加工，保证农户养殖收益，农户则负责猪舍建造和铁骨猪饲养。

三是协同发力，互利共赢。政府通过委托企业扶贫，提高了扶贫资金的使用效率、壮大了县域特色产业、降低了贫困发生率、完成了精准扶贫任务；企业建立了稳定的生产基地、创立了产品品牌、降低了生产成本、获得了政策的支持和社会名誉；贫困户拥有了经营项目、增加了经济收益、改善了生产和生活环境、脱离了贫穷走向小康家庭。

16 小额贷款助推精准脱贫
——宁夏回族自治区固原市原州区精准扶贫案例

背景导读

2014年9月28日，习近平总书记在中央民族工作会议上的讲话指出："要坚持输血和造血相结合，坚持民族和区域相统筹，重在培育自我发展能力，重在促进贫困区域内各民族共同发展。"2015年11月27日至28日，习近平总书记在中央扶贫开发工作会议上强调，脱贫致富终究要靠贫困群众用自己的辛勤劳动来实现。没有比人更高的山，没有比脚更长的路。要重视发挥广大基层干部群众的首创精神，让他们的心热起来、行动起来，靠辛勤劳动改变贫困落后面貌。要动员全社会力量广泛参与扶贫事业。

2016年7月18日，习近平总书记来到宁夏回族自治区考察，从北京直飞固原。这是习近平总书记继1997年和2008年之后，第3次来到固原。说起"西海固"（西吉、海源、固原），很多人可能马上想到的是干旱缺水、沙漠贫瘠。这里曾经的确是"苦瘠甲天下"。

▶ 开展"送金融扶贫知识下乡活动"，让更多群众了解金融扶贫政策

1996年夏天，党中央、国务院作出决策，东南沿海10个较发达的省市，协作帮扶西部10个较为贫困的省区。福建与宁夏结成了"亲家"。时任福建省委副书记习近平同志指出：

"这是个战略决定，先富帮后富共同富裕，这更有利于我们国家的稳定、民族的团结，是一件有意义的事情。"这一次来，固原的发展变化，给他留下了深刻印象。总书记进一步指出，当地企业在加快自身发展的同时，也要在产业扶贫过程中发挥好推动作用，先富帮后富，实现共同富裕。

蔡川村是宁夏固原市原州区的一个小山村，是建档立卡重点贫困村，农户发展经济缺乏资金。中国邮政储蓄银行宁夏分行积极落实精准扶贫战略，针对农户经营活动缺乏资金的困难，通过小额贷款的方式，向农户注入资金，解决了农户的资金瓶颈。近年来，邮政银行已累计向蔡川村发放贷款 1800 笔 9000 余万元。资金来了，村庄特色产业发展了，农户的收入增加了，脱贫致富的步伐加快了。2015 年全村人均可支配收入达到 6300 元，是 2008 年的 3 倍多。

主要做法

一、金融小贷与扶贫开发相结合，解决普惠金融的问题

实施普惠金融是全国性难题，农户贷款难、贫困农户贷款就更难。农民群众反映"银行嫌贫爱富"。由于贷款安全和经营收益的问题，银行不愿意把资金投向低收益、高风险的地方，也是正常的市场行为。与其他银行不同，邮储银行宁夏分行，看到了实施扶贫攻坚战略中的重大机遇，将业务聚焦小额贷款，对象瞄准普通农户，2008年先行在蔡川村进行试点。

一是选准资金投向的产业。邮储银行选择了村民拥有养殖传统、市场需求好的养殖业为突破口，通过小额贷款方式，将资金聚集到村庄特色产业。

▶ 邮政储蓄银行三农金融服务站进驻蔡川村

二是创新联保方式。选择60户具有一定养殖基础的农户作为贷款对象，通过变过去5户联保为村干部、养殖能手等任意3户相互担保借款方式，降低农户小额贷款的门槛。这些做法推动该村黄牛育肥和肉羊繁殖的发展，一年下来户均增收超过1万元，且全部按时还款，收到了很好的经济效益和社会效益。在小贷扶贫的过程中，针对散户无抵押困难，创新了"好借好还"的金融产品，实行上门集中办理，简化手续，实现了5个工作日放贷到户，大大方便了群众贷款。经过3年努力，邮储银行宁夏分行小贷投放实现了对蔡川村所有农户的全覆盖，辐射带动周边9个村队100余户村民，推动了普惠金融的破题，为宁夏"整村推进"金融扶贫探索了路子。

二、采取"银行+合作社+农户"模式，弥补了贫困户没有抵押担保物的短板

围绕产业扶贫这个重心，邮储银行宁夏分行积极支持村"两委"和致富能人带头组建了金羚牲畜养殖专业合作社，通过合作社这个中介环节，不仅为社员提供品种选育、养殖技术和市场销售等服务，还为养殖户做贷款担保人，负责农户借款的用途审查和监督管理，弥补

了普通农户没有有效抵押物的短板，降低了银行对农户贷款的风险。合作社成为农户和银行都信得过的风险防控组织。合作社成员由成立初期的 3 户发展到现在的 382 户，单笔最低贷款额度由最初的 5000 元增加到 5 万元。同时，探索了解决抵押担保缺失的多种办法，比如，采取大户保小户、富裕户保贫困户、村干部保"少生快富户"等方式，形成了小团队信用保障机制，创立了"小贷跟着穷人走、穷人跟着能人走、能人跟着产业走"的良性发展格局。

三、建立信用评价体系，保证了贫困户融资贷款的可持续

随着小贷扶贫的推广，农户对贷款额度等提出了更高要求。邮储银行宁夏分行与扶贫部门合作，创建建档立卡贫困户评级授信信用体系。联合乡政府和村"两委"共同对农户进行摸底、评审，分 A、B、

▶ 采取"银行＋合作社＋农户"模式，成立金羚羊养殖合作社养殖场

C 三个信用等级，组织对蔡川村和村民进行信用评价体系建设，信用等级根据农户借款使用实际，可逐年升高，到 2014 年，蔡川村 80％的农户都达到了 A 级等级，并被授予"信用示范村"。对评级授信农户在贷款额度、贷款期限、利率和还款方式等方面给予大幅优惠。最高等级 A 级可授信到 8 万—10 万元额度，贷款期限由 1 年延长至 2 年，贷款利率由年息 13.5％降至 7.75％（建档立卡户执行 4.75％基准利率）。实行灵活还款方式，由最低级的阶段性等额本息还款，到前 10 个月清息、当年年底还本，再到按季度清息、下一年年底还本。延长了贷款使用期限，分摊了农户清息压力，更加符合农业周期特点，有利于农民增收。由于信用体系的建立，保证了农户持续获得商业贷款。

严把贷款推荐审核关口，确保了贷款的安全。在农户借款使用过

▶ 蔡川村被评为信用示范村

程中，邮储银行与乡政府、村"两委"紧密配合，建立了责任契约，由三家共同负责把好贷款推荐关、发放关和使用关。农户提交的贷款申请，经村级组织调查摸底初审后，报乡镇审核同意，推荐到银行放贷，贷款发放及资金使用由乡、村、银行三家共同跟踪监督，确保贷款用到发展产业上。为防控风险，贷款逾期可由合作社利用合作基金垫付还款，化解农户信用风险，维护村民的信誉价值，8年来蔡川村小贷资金没有出现一笔不良贷款。

专家点评

农民贷款难问题，是一个久拖不决的难题。邮储银行宁夏分行，针对宁夏农村社会经济发展的实际和自治区关于精准扶贫的战略安排，以贫困山村——蔡川村为试点，大胆创新金融扶贫的新模式，取得非常显著的成效。"蔡川村实践"显现以下三点创新：

一是走出"农民无抵押物的陷阱"，创建了农村熟人社会的信用体系。导致农民贷款难的症结，是农民没有不动产抵押物。因而，银行为了规避风险，不愿向农民贷款。为了让农民得到发展生产急需的资金，各地沿着让农民拥有抵押物的思路，进行了多年确权颁证、实化农民土地物权的改革。比如，土地承包证、宅基地证、林权证等的抵押试点，收效不大，始终没有走通金融进农村的"最后一公里"。"蔡川村实践"表明，针对以血缘、亲缘、地缘为基础构成的农村熟人社会，可以通过非物质的信用，即共同体信用作为担保，形成的另类信用体系，走出了"无抵押陷阱"。诸如，"大户保小户、富裕户保贫困户、村干部保"少生快富户"等做法，都是有益的创新，这种扎根农村社会的草根担保体系，充分发挥了共同体的作用，实现了同类生产农户间的担保、村组织担保、乡镇政府或政府有关部门的担保，有效地解决了农民贷款的"最后一公里"问题。

二是发挥农民合作社贷款中介的作用，防范金融机构的贷款风险。 农民合作社是土生土长的农民合作组织，掌握着农户经营的现金流、产品流和信息流，可以全方位和全天候监控贷款运行状况。由合作社作为金融进入农户的中间桥梁，不仅确保农户信息的完整和透明，防范了风险，同时，还使银行对农户的监管由外部监管变为"内置监管"。由合作社监管贷款，减少了银行的管理成本，提高了经营效率。

三是精准扶贫、建档立卡机制的创新，为金融机构进入农户，盘活农村资源创造了条件。 精准扶贫的精髓是精准，而精准的基础是翔实、准确、有效的贫困户的信息资料。建档立卡动态管理，这是确保精准扶贫成效的信息基础工程。这一基础工程建设，为金融机构下乡扶贫、兴农提供了系统性、准确性、动态性、权威性的信息资料，为农村信用体系的建设奠定了坚实基础。邮储银行宁夏分行在蔡川村，就是利用贫困户建档立卡系统，与乡政府、村"两委"合作，对农户进行摸底、评审，进行信用评级，建立了蔡川村村民信用评价体系，并加以动态管理。到2014年，蔡川村80%的农户都达到了A级等级，并被授予"信用示范村"。以此为依据对评级授信农户在贷款额度、贷款期限、利率和还款方式等方面给予大幅优惠，满足农户特别是贫困户发展生产和经营扩大的需要，助推了脱贫致富的步伐，书写了小贷扶贫的新歌。

"蔡川村实践"仅是金融扶贫的一个缩影，但实践价值的确非同小可，非常适合广大中西部农村地区发展、适合广大贫困农户脱贫致富的需要，小试验可能带来大改变，也许由此，可以找一条金融下乡、扶贫攻坚的新路子。

17 探索旅游扶贫的有效模式
——广东省对口援藏精准扶贫案例

背景导读

2016 年 7 月 20 日，习近平总书记主持召开东西部扶贫协作座谈会并发表重要讲话。他强调，西部地区特别是民族地区、边疆地区、革命老区、连片特困地区贫困程度深、扶贫成本高、脱贫难度大，是脱贫攻坚的短板，进一步做好东西部扶贫协作和对口支援工作，必须采取系统的政策和措施。

东西部扶贫协作和对口支援，是推动区域协调发展、协同发展、共同发展的大战略，是加强区域合作、优化产业布局、拓展对内对外开放新空间的大布局，是实现先富帮后富、最终实现共同富裕的大举措，必须认清形势、聚焦精准、深化帮扶、确保实效，切实提高工作水平，全面打赢这场脱贫攻坚战。习近平总书记指出，东西部扶贫协作和对口支援，是推动区域协调发展、协同发展、共同发展的大战略。

按照中央部署，广东省从 1995 年开始承担对口援藏工作，目前广东省承担了对口支援西藏林芝市（林芝市全部 1 区 6 县 3 场）及昌

▶ 中新房商业街

都市工作任务。广东省委、省政府一直以来高度重视援藏工作，特别是党的十八大以来，认真贯彻落实中央部署，开拓进取，构建了"以民生援建为龙头，以产业、智力援建为两翼"的对口支援工作格局，探索出一系列具有广东特色的对口支援工作思路和做法，有力推动了受援地区经济发展和社会稳定。尤其是旅游扶贫的实践，旅游扶贫不仅在广东的援藏工作中，更在广东的援助扶贫中扮演着非常重要的角色。其中，林芝鲁朗国际旅游小镇，就是广东旅游扶贫的一个典范工程。以鲁朗国际旅游小镇为代表，为我国援藏扶贫、旅游扶贫、文化扶贫提供了样本，探索在文化旅游发展、历史文化保护、新型城镇化建设等方面，对其他地区的扶贫工作都有一定的启示。

主要做法

近年来，建设鲁朗国际旅游小镇是广东省开展旅游扶贫的一项重头戏。从扶贫而言，鲁朗国际旅游小镇提供了产业扶贫、旅游扶贫的典型案例，映射出中国扶贫开发战略的几个趋势。

一、政府资金撬动社会资本投入

鲁朗有着丰富的世界顶级自然生态资源和深厚的藏地人文历史，深受国内外游客的青睐，也为发展休闲度假旅游奠定了基础。但是鲁朗基础设施薄弱、城镇配套不足等问题，制约了休闲旅游业的发展。解决上述问题，需要大量的资金投入。鉴于西藏地区的实际情况，从政府到民间都没有完成自然生态、人文地理等资源转化为旅游产业的经济实力。要实现这个转化，就借助外部资本的投入和开发。国家在东西部扶贫协作和对口支援的大战略下，鲁朗迎来了开发的历史机遇。

▶ 鲁朗游客服务中心

鲁朗国际旅游小镇的建设凸显全方位扶贫力量的投入。广东通过政府资金的撬动，引导保利、恒大、珠江投资、广中旅、广药集团等全国知名企业参与鲁朗小镇的开发。据资料显示，广东用 10.1 亿元的援藏资金带来了 30 多亿元的总投资。随着旅游基础设施的不断完善、公共服务的不断投入，优势资源得到开发、产业得以振兴，有效地改善了西藏贫困地区交通、教育、医疗、文化等公共基础设施的面貌，民生也得到了极大改善。

二、推动林芝旅游业转型升级

鲁朗小镇是林芝旅游的重要核心，通过小镇的建设，不仅将带动周边乡村旅游的发展，更是要打造以小镇为中心的藏东南精品旅游线路，强化林芝生态旅游产业体系建设。鲁朗小镇定位于高端休闲度假旅游，不仅仅是林芝旅游业的补充，更将大力推动林芝旅游业的转型升级。在林芝的旅游发展规划中，将以山水风情、文化体验为两大支撑，以生态旅游季为载体，构筑森林、雪山、冰川、峡谷、乡村、桃花、秘境、宗教、文化九大生态旅游特色产品体系。而鲁朗小镇是未来林芝旅游发展的重要支点。

三、打造林芝特色旅游品牌

近年来，林芝大力进行区域特色旅游品牌建设，推动林芝旅游的迅速发展。而广东对于林芝特色文化、乡村旅游、藏医藏药、民族手工业的扶持，以及对异贡茶场的帮扶、对鲁朗小镇的援建等，都是林芝特色旅游品牌建设的重要内容。值得一提的是，三四月都是林芝桃花开得最繁盛的时候，浪漫的桃花景观吸引很多游客到来。林芝近年来在桃花上大做文章，每年三月下旬举办林芝桃花文化旅游节活动，不仅成为林芝旅游的重要品牌，更在每年带动了西藏的春天旅游旺季的到来。

▶ 西藏林芝恒大酒店

四、设立鲁朗旅游扶贫基金

旅游扶贫基金是一项用之于民的建设基金，能补充扶贫地区开发建设的经费不足，提高扶贫地区居民旅游市场参与度，达到旅游产业精准扶贫的目的。2016年10月，通过爱心企业捐助，设立了鲁朗旅游扶贫基金300万元，基金主要用于鲁朗当地藏族同胞改善和提升藏家乐。当地村民通过申请旅游扶贫基金，可修缮家庭旅馆，提升家庭旅馆的硬软件设施，打造富有特色与格调的藏式民宿，提高家庭旅馆档次，满足游客需求，提高旅游收入。

五、专业化、可持续"造血式"扶贫

精准扶贫是新时期贫困治理工作的指导性思想。专业化和可持续的扶贫是精准扶贫的应有之意。扶贫需要充分思考当地的资源禀赋，

▶ 鲁朗创客中心

进行专业的扶贫策略设计。在建设鲁朗国际旅游小镇的过程中，注重结合当地特有的自然和人文资源，为贫困地区在全国文化旅游产业链中找到价值点，并以专业的资本、人才、设计、建设和运营管理为驱动，对原有产业进行重塑，推动鲁朗和林芝的文化旅游价值的提升和变现。这种专业的"造血式"扶贫，将带动贫困地区人口就业，为产业结构完善、升级提供动力，把扶贫从解决燃眉之急变成帮助地方自己脱贫，是更可持续的扶贫模式。

六、旅游带动当地贫困人口脱贫

中国旅游"515战略"提出，全力推进乡村旅游和旅游扶贫、旅游致富工作。旅游业对其他产业具有鲜明的带动作用，尤其是在"旅游+"作用下，旅游产业与其他产业跨界融合，催生新的模式、业态，因此，旅游对于扶贫的价值也越来越受到重视。因此，结合林芝当地特色，将旅游扶贫作为林芝扶贫开发的重点路径。

鲁朗国际旅游小镇从建设到运营，至少为当地群众提供2500个就业岗位。因而鲁朗国际旅游小镇的旅游扶贫，其更长远的价值还在于，创造了大量的就业机会，提升了当地村民的就业技能。随着鲁朗国际旅游小镇的建设和运营，极大带动了相关服务业的发展，带动了贫困人口的脱贫。而从旅游产业角度看，小镇成为一个旅游目的地，对周边乡村旅游发展将产生巨大的辐射作用。

专家点评

扶贫开发是全党全社会的共同责任，要动员和凝聚全社会力量广泛参与。要坚持专项扶贫、行业扶贫、社会扶贫等多方力量、多种举措有机结合和互为支撑的"三位一体"大扶贫格局，健全东西部协作。旅游扶贫是边疆民族地区脱贫攻坚的有效方法和手段。旅游扶贫具有带动面大，一二三产业融合发展，可持续扶贫的特点。特别是边疆民族地区，多为老少边穷但又兼具秀美风光与民族文化资源丰富的特点。因此，推进精准扶贫、精准脱贫，旅游扶贫大有可为。在推进旅游扶贫中应该尊重保护自然生态与少数民族文化，广东省对林芝鲁朗小镇旅游扶贫的探索非常有推广价值。

一是广东对林芝的旅游援助扶贫，进行更为系统性的扶持。 已经超越了简单的项目投入，推动林芝旅游业的健全发展和国内市场的对接以及国际化。鲁朗国际旅游小镇的建设和运营，成为示范点之一，为西藏雪域高原以及全国的特色小镇的建设，提供了成功的案例，对旅游扶贫以及对口援藏积累了经验。

二是以产业援建为支撑，着力增加受援地"造血"功能。 立足受援地的资源优势，出谋划策、牵线搭桥，着力增强当地自我发展能力。大力促进生态旅游产业发展，推动构建"公司＋基地＋农户＋网络"的乡村旅游新模式。

三是增加金融资金对扶贫开发的投放，吸引社会资金参与扶贫开发。 积极开辟扶贫开发新的资金渠道，多渠道增加扶贫开发资金。旅游扶贫基金是一项用之于民的建设基金，能补充扶贫地区开发建设经费不足，提高扶贫地区居民旅游市场参与度，达到旅游产业精准扶贫的目的。

18 "网上村庄"开启精准扶贫新模式

——重庆市精准扶贫案例

背景导读

2015 年 11 月习近平总书记在中央扶贫开发工作会议上指出，要坚持精准扶贫、精准脱贫，重在提高脱贫攻坚成效。关键是要找准路子、构建好的体制机制，在精准施策上出实招、在精准推进上下实功、在精准落地上见实效。要解决好"扶持谁"的问题，确保把真正的贫困人口弄清楚，把贫困人口、贫困程度、致贫原因等搞清楚，以便做到因户施策、因人施策。

2016 年 1 月 4 日至 6 日，习近平总书记在重庆调研时强调：扶贫开发成败系于精准，要找准"穷根"、明确靶向，量身定做、对症下药，真正扶到点上、扶到根上。脱贫摘帽要坚持成熟一个摘一个，既防止不思进取、等靠要，又防止揠苗助长、图虚名。

▶ 网上村庄指示牌

近年来，重庆市扶贫办探索和推出"网上村庄"电商扶贫方式。这种精准扶贫方式，不仅将贫困户家中的生鲜农产品卖到城市中高端市场，而且将贫困户家乡优美的环境、清新的空气卖给了城里人，让贫困农户的产品和环境变成商品，成为贫困户脱贫的重要途径。自2015年下半年投入运营以来，线上线下交易突破2亿元，帮助10多个区县、100多个贫困村、4000多户贫困户户均增收1000多元，蹚出了一条产业精准扶贫的新路子。

贫困户的农产品，由"丑小鸭"变成"金凤凰"。"网上村庄"进驻之后，贫困户过去贱卖、用作饲料，甚至烂在地里的农产品，因为污染小、质量好，被城市人争相购买。2016年，城口东安镇147户建卡贫困农户，销售土猪、蜂蜜、核桃、腊肉等农产品320万元，价格比过去贵50%以上，户均增收近万元。

贫困户的产品生产和经营，由过去的"盲人摸象"到现在的"按图索骥"，有了源源不断的消费者和订单。涪陵区龙潭镇义和村组建了增福土鸡合作社，贫困户按照合作社制定的技术规程，饲养了10万只土鸡，每月出栏1万余只。城口县东安镇兴田、黄金、新建三个村，300多户贫困户发展高山土豆800多亩、中蜂养殖700多群、土猪养殖300多头，都因"网上村庄"的覆盖，找到市场消费需求，实现增收增效。

贫困户的增收之路，由"越走越窄"到"越走越宽"。2016年，"网上村庄"组织乡村旅游活动100余场次，11万辆车60万余人次城里人到贫困村消费，线上线下累计达1.2亿元。1000多户贫困户参与吃、住接待和销售农产品260余万元，贫困户户均增收2400多元。

贫困户的家园，由"杂草丛生"到"春色满园"。"网上村庄"推出后，吸引了500多位能人回村创业。在电商能人带领下，彭水县桐楼乡桐木村 43 户贫困户养殖土鸡、土猪，种植高山蔬菜，每年收入上万元；武隆区和顺镇打蕨村 21 户贫困户养殖七彩山鸡，每年每户收入达 4000 多元。过去杂草丛生的庭院和撂荒地呈现出欣欣向荣的新面貌。

主要做法

2015 年，市扶贫办引入第三方平台联手打造"网上村庄"电商扶贫体系，重点围绕怎么帮助销售、怎么紧密带动、怎么帮助赢利、怎么让贫困户参与四个环节进行探索和试点，推动精准扶贫。

一、围绕贫困户农产品销售：建立"乡村旅游 + 农产品"营销模式

贫困户家里的产品以生鲜、小散乱农产品为主。为了让这些产品"触电"，重庆市扶贫办将乡村旅游与农产品销售结合起来，设计了特殊的交易方式。一是策划村游活动，让市民到贫困户家中消费。扶贫办支持贫困村组建专业合作社，合作社根据不同的季节，将插秧、薅草、打谷、采笋、摸鱼农事活动，以及婚嫁、歌舞等民俗活动包装成为乡村游活动。"网上村庄"互联网平台对活动进行推广，组织发动市民到村里休闲度假，到贫困户家中吃农家饭、住农家屋、干农家事，有的村每年活动时间达到 7 个月。二是实施"后备箱工程"，让贫困户在家门口销售。市民游了之后要吃，吃了之后还会产生大量的购买需求。为此，合作社将贫困户农产品组织到村内服务站，方便市民自驾车"后备箱"购买。2016 年城口县黄金村用这种方式为 75 户贫困户销售农产品 50 多万元。贫困户可以足不出村，在"村里"将

自己的产品卖到"城里"。三是建立"智慧村庄",让贫困户产品交易可持续。充分开发移动智能终端的功能,对1万多户贫困户生产、销售情况和农产品、能够提供住宿的床位等进行实时记录和跟踪。消费者可以在"网上村庄"的微信商城、APP、PC端交易。

二、围绕贫困户带动:建立"公司制+合作制"组织模式

"网上村庄"线上平台,由第三方公司运作。主要负责信息发布、产品展示和线上交易。线下合作社对贫困户按照"五个优先"精准对接,即贫困户优先接受培训、优先纳入合作社、优先采集贫困户产品信息、优先售卖贫困户产品、优先参与游客接待服务,确保贫困户受益。目前,建立线下体系的贫困村、贫困户被全部纳入,户均增收1000元以上。

▶ 游客采摘南瓜

三、围绕贫困户增收：建立"生产利润＋销售利润"全留的盈利模式

"网上村庄"主要是依靠增值服务盈利，平台公司参与交易目的是获取交易数据。因此，除了初期收取少量佣金之外，生产环节和销售环节的利润全部留给贫困户。据统计，通过"网上村庄"销售的高山蔬菜和肉类价格比乡场高58%，比超市低50%。板栗核桃干果类高100%，蜂蜜高50%，比超市分别低40%、30%。实现了贫困户和消费者的双赢。

四、围绕贫困户参与建立"三不变＋三保障"的服务模式

"网上村庄"电商是政府、公司和贫困农民三方合作，由公司和

▶ 远山结亲团队与石柱县农户签订合作协议

线下合作社两级法人组成。平台公司负责投资，并向贫困户提供销售保障；合作社负责向贫困户提供技术规程；技术人员负责生产指导。贫困户不需要改变地点、改变行业、改变生产方式，技术"傻瓜化"，投入"零成本"。

五、做实顶层设计，确保精准扶贫目标始终不偏移

一是量身设计精准扶贫电商。电商是一项重大的商业创新，但是由于扶贫的特殊性，市场上没有一个能够完全满足扶贫需要的模式。为了解决这个难题，重庆市扶贫办不等不靠，组建团队大胆创新，量身设计出了"网上村庄"电商模式，通过招商进行市场化运营，并研究出台政策进行孵化使其逐步壮大。

二是建立精准扶贫刚性约束机制。为了将商业属性和公益属性有机结合，重庆市扶贫办专门成立了乡村扶贫服务协会，会员主要是贫困村经纪人和合作社。协会代表贫困农户与"网上村庄"进行股份合作。公司出资控股并负责运营。《公司章程》要求，公司业务始终围绕扶贫脱贫进行。协会监督公司履行扶贫义务，参股不控股、协调不管理、扶贫不分红。确保"网上村庄"电商体系始终为贫困户服务。

六、强化分类扶持，支持各类主体参与精准扶贫

一是加强对贫困农户的电商培训。市扶贫办专门组织班子编写了电商教材，安排专题和专门经费 500 多万元对贫困户开展"网上村庄"电商培训，培训人数达 6000 多人次。

二是向网上村庄购买服务。重点是根据帮助贫困户销售农产品和帮助贫困户增加收入，对"网上村庄"进行奖励，鼓励多为贫困户卖农产品。

三是支持合作社带动贫困户。以贫困户会员多少、帮助贫困户会员销售多少和贫困户满意度等指标为重点，对合作社进行评估。然后，一次性分别给予 2 万—5 万元的补贴。对运行良好的合作社，连续三年每年给予 5 万—8 万元的运营补贴，帮助扎根。

七、创新体制机制，推动电商扶贫可持续发展

一是创新贫困户参与质量管理的机制。针对贫困户农产品小散乱的特点，"网上村庄"建立"四个好"的独特质量管控体系。即好伙伴，组织贫困户推举合作社负责人，要求负责人懂经营、善管理，诚实守信；好机制，线下体系初期采用经纪人模式，两到三年升级为合作社模式，对内进行行业自律，采用贫困户管理贫困户、贫困户监督贫困户，防止制假卖假。好产品，选择几个具有本地特色、消费者喜

▶ 城口东安黄金村服务站产品陈列室

欢的产品进行培育，组织贫困户规模化生产。好规程，请专家为村内生产制定一个规范的技术规程。

二是考核评价机制。市扶贫办专门制定考评办法，围绕使贫困户和消费者满意，通过平台对合作社售卖贫困户产品情况进行实时监测，每年组织力量对"网上村庄"公司和线下合作社进行考评，及时纠偏。

专家点评

"互联网＋"成为一种扶贫新模式。电子商务，尤其是农村农业的电子商务，有助于"三农"问题的解决。"网上村庄"是由重庆市扶贫办发起组建，电商扶贫体系将线上和线下有机结合，开创了"乡村旅游＋农产品"模式。通过策划特色民俗、农事体验等乡村旅游活动，引导城市游客到贫困地区消费，带动了扶贫，也带动了消费。"网上村庄"是连接城市与乡村的桥梁，成为乡村旅游的一种新模式。

一是通过电商平台，实现了生产者与消费者的全域对接。通过线上订单，进行生产销售、旅游服务，解决了卖难、推广难的问题。

二是通过电商平台，产生了利益增值和利益共享。以线上和线下的方式，将第一产业、第二产业、第三产业融为了一体。

三是通过电商平台，实现扶贫系统的组织化。市扶贫办、电商企业、农民合作社三位一体的系统，可以畅通、便捷地将政府的扶贫政策通过电商平台传递给农民合作社，通过合作社在线下组织农民，从事农事生产和服务活动。

四是通过电商平台，消费者与农民直接对接，建立稳定的供应关系和服务关系。消费者有了强烈的归属感和亲缘感，达到了回归田园，回归"家乡"，了却"乡愁""乡恋"的情怀和愿望。同时，通过利用每个乡村的民俗、文化、风貌创意，拓展开发市民农园、民俗乐园等乡村旅游项目，开发创新私人订制化的乡村旅游产品。

"网上村庄"改变传统的商业规则，让偏远的贫困农村获得了重新回到竞争起跑线，甚至拥有了反向超越的机会，从而把绿水青山变成真正的金山银山。

19 以农业供给侧结构性改革为抓手推进精准扶贫

——陕西省延安市富县精准扶贫案例

2016 年 12 月 20 日，在中央农村工作会议上，习近平总书记对做好"三农"工作发表重要讲话。他指出，要始终重视"三农"工作，持续强化重农强农信号；要准确把握新形势下"三农"工作方向，深入推进农业供给侧结构性改革；要把发展农业适度规模经营同脱贫攻坚结合起来；要协同发挥政府和市场"两只手"的作用，更好引导农业生产、优化供给结构。

2017 年 3 月 8 日，"两会"期间，习近平总书记参加四川代表团审议时指出，重视农业，夯实农业这个基础，历来是固本安民之要。我国农业农村发展已进入新的历史阶段，农业的主要矛盾由总量不足转变为结构性矛盾，矛盾的主要方面在供给侧，必须深入推进农业供给侧结构性改革，加快培育农业农村发展新动能，开创农业现代化建设新局面。要坚持市场需求导向，主攻农业供给质量，注重可持续发

▶ 富县现代烟草产业

展，加强绿色、有机、无公害农产品供给，提高全要素生产率，优化农业产业体系、生产体系、经营体系，形成农业农村改革综合效应，推进城乡发展一体化，就地培养更多爱农业、懂技术、善经营的新型职业农民。

富县位于陕西北部延安南部，有7个乡镇，1个街道办事处，173个行政村，人口15.7万，总面积4182平方公里，2015年富县的农民人均纯收入11357元，目前富县共有贫困人口5445户，15924人。加强县域经济是脱贫富民的有力保障，在脱贫攻坚的实践中，不能简单地就扶贫而抓扶贫，必须从战略和全局的高度把做大做强县域经济作为脱贫富民的保障和源头来抓，只有县域经济强起来了，才有更多的财力进行社会再分配，才能创造更多的就业机会，群众收入才能持续增长，脱贫才有实力支撑。在脱贫攻坚的实践中，富县全面推进农业供给侧结构性改革，围绕走现代农业转型升级、绿色发展、跨越提升新路，大力发展品质农业，带动贫困户脱贫致富。

富县境内生态良好、交通便捷、资源丰富，是世界苹果最佳优产区，全县苹果种植面积36.7万亩，年产量57万吨。为了推动农业提质增效、解决农业"四乱两低"（生产标准乱、农资管理乱、销售市场乱、农产品品牌乱，质量安全水平低、农业生产效益低）问题，富县启动并成功创建全国首家良好农业规范示范县、首批国家农产品质量安全县和国家出口水果质量安全示范区（简称"两县一区"），探索形成一条绿色发展、标准化生产、农业增效、农民增收的农业供给侧结构性改革之路。2017年4月27日，全国良好农业规范认证暨"同线同标同质"工程现场会在富县成功召开，各级政府及相关部门学习借鉴推广富县的经验和做法。

主要做法

按照"市场引领、政府主导，龙头带动、农户参与，标准统一、产品安全，企社增效、农民增收"的思路，以创建"两县一区"为抓手，大力实施"五个一"工程，全面提升农产品质量安全水平。

一、建立一项机制，即整县推进机制

富县把创建工作纳入县域经济社会发展规划和目标责任考核，以县政府为认证主体，以创建统领农业农村工作。成立了以县委书记为组长、县长为副组长，农业、果业、蔬菜、植保、环保、质检等部门

▶ 全国良好农业规范认证暨内外销产品"同线同标同质"工程现场会在陕西省富县召开

单位为成员的创建工作领导小组，各乡镇也成立对应机构，形成自上而下、责任明确、层层推进的组织体系。同时，聘请国家质量认证中心、陕西出入境检验检疫局等专家对乡镇、涉农单位、企业、合作社主要负责人和技术人员进行集中培训和巡回培训，把企业、合作社和广大农户发动起来，积极参与创建，形成了"政府掌舵、全民划桨"的创建氛围。

二、推广一个模式，即"企业（合作社）+基地+农户"模式

大力发展农业龙头企业和专业合作社，建设现代农业园区，把分散经营的农户组织起来，合理分工，规范生产。企业（合作社）提供订单、农业投入品和技术服务，农户按照统一标准进行生产，最终实现生产与市场的有效对接。近年来，全县先后建成农业龙头企业 10

▶ 富县苹果喜获丰收

个、专业合作社 256 个，50% 以上的农户加入合作社，60% 以上的农耕地纳入现代农业园区，为统一技术标准、统一质量监管奠定了基础。

三、推行一套标准，即良好农业规范标准

以良好农业规范国家标准和行业标准为基础，结合富县自然环境特点及生产实际，编制了《富县良好农业规范（GAP）操作规程》《富县苹果周年管理技术》等标准和农民简明读本。组建农业生产技术服务专家团深入田间地头现场讲解指导，强力推进以土壤改良、果树挖改、水肥一体化为主要内容的"382"优果工程（亩留果树 30 株，施 8 千斤有机肥，收入 2 万元以上），目前已实现苹果产业标准化生产全覆盖。

▶ 富县苹果挂果面积 36 万亩，通过良好农业规范认证 25.2 万亩

四、织就一张网络，即农业投入品三级配送和农产品质量三级监管检测网络

建成了由 8 个县级配送中心、38 个乡镇配送站、197 个村级配送点组成的农业投入品配送网络，纳入配送网络的农业投入品占全县总使用量的 75％。构建了由县执法队、乡（村）监管员、企业（合作社）信息员组成的农产品质量安全监管网络，建立了以县农产品质量检验检测站为中心、企业合作社自检站为基础的农产品检测网络，年均农药残留速测检测样品 1 万个以上，合格率 98％以上，实现了农资"优进"和农产品"优出"。

五、开发一个平台，即农产品质量安全追溯平台

富县将互联网技术与农业生产管理有机结合，建立了从田间到餐桌的全程可追溯平台，对农产品产地环境、投入品使用、病虫害防治、贮藏运输等各个环节进行记录。政府通过追溯平台落实引导、监管、服务生产经营主体的职能，消费者通过扫描二维码了解农产品从种植、加工、包装、储运直至销售的每一个细节，倒逼生产经营主体强化质量安全意识、加强内部质量控制、落实好第一责任。目前，纳入平台管理的企业、合作社已有 37 家，覆盖了全县所有产业和 60％以上的农产品。

富县通过农业供给侧结构性改革，带动脱贫攻坚成效显著。一是农业产业化水平显著提升。与 2011 年相比，2016 年全县苹果产量由 43 万吨增加到 57 万吨，产值由 15 亿元增加到 20.5 亿元，果农人均纯收入由 7360 元增加到 15300 元。资产规模 500 万元以上的企业、合作社由 2 家增加到 14 家，苹果储藏能力由 10 万吨增加到 25 万吨，

有机肥年加工量由1万吨增加到25万吨。二是农产品品牌价值大幅提高。"两县一区"已成为富县最响亮的名片,沃尔玛、麦德龙、供港生鲜等高端市场纷纷前来采购,各地也前来参观交流。"富县苹果"价格高于市场均价20%,2016年全县苹果出口创汇达到1200万美元,网上销售苹果等农产品总额达到1.23亿元,其中回头客达到70%以上。三是带动脱贫作用明显。推行"企业(合作社)+贫困户"产业脱贫模式,合作社负责技术、农资和市场营销,贫困户只需按照合作社要求进行生产,以此带动3540户贫困家庭实现脱贫,占全县4904户贫困户的72.2%。四是生态效益日益显现。通过创建"两县一区"活动,农民逐渐养成良好的农作习惯,生物防控、测土配肥、农家肥、有机肥得到推广使用,化肥农药使用量逐步下降,面源污染得到治理,土壤有机质含量明显提高,农田周边生物链得到了保护,生态环境持续好转。

专家点评

扶贫脱贫的实施过程,就是供给与需求不断匹配、有效平衡的过程。供给侧结构性改革与精准扶贫脱贫在目标、导向、要素、方式等方面相契合,是践行以人民为中心的发展思想,以解决经济社会发展中的突出问题为目标,依托劳动力、资本、土地、创新等整合的伟大实践,精准扶贫、精准脱贫本身也是一场深刻的供给侧结构性的变革。

推进农业供给侧结构性改革是脱贫攻坚的重要手段。富县启动并成功创建全国首家良好农业规范示范县、首批国家农产品质量安全县和国家出口水果质量安全示范区,探索了一条绿色发展、标准化生产、农业增效、农民增收的农业供给侧结构性改革之路。

通过农业产业供给侧结构性改革，扩大有效供给、优质供给，促进群众致富增收。既然传统农业无法带动农民脱贫致富，那么就需要发展特色现代农业、优化农产品结构、扩大中高端农产品供给，创新农民脱贫致富的新路。从富县的实践来看，通过农业供给侧结构性改革，带动脱贫攻坚成效显著。推行"企业（合作社）＋贫困户"产业脱贫模式，合作社负责技术、农资和市场营销，贫困户只需按照合作社要求进行生产，以此带动 3540 户贫困家庭实现脱贫，占全县 4904 户贫困户的 72.2%。

农业供给侧结构性改革是全产业链的变革，积极推进特色农产品进入大型超市和大卖场。"富县苹果"价格高于市场均价 20%。2016 年全县苹果出口创汇达到 1200 万美元，网上销售苹果等农产品总额达到 1.23 亿元，其中回头客达到 70% 以上。由此可见，以农业供给侧结构性改革推进精准扶贫的富县经验，值得推广和借鉴。

后　记

　　习近平总书记的扶贫思想是经过长期实践探索逐步形成并不断发展的。从 20 世纪 60 年代末 70 年代初，习近平总书记到陕西延川县梁家河村插队，在那里入党并担任大队党支部书记，对中国贫困问题有了直观的认识和深刻的洞察。80 年代末 90 年代初，在福建宁德担任地委书记期间，积极推动扶贫探索与实践。90 年代，在福建省委工作期间，开创了东西部扶贫协作的"闽宁模式"。党的十八大以来，习近平总书记更是从党和国家全局发展的高度，把扶贫开发作为实现第一个百年奋斗目标的重大战略任务来抓。2012 年 12 月，党的十八大闭幕后不久，习近平总书记就到革命老区河北阜平，进村入户看真贫，提出了科学扶贫、内源扶贫等重要思想。2013 年 2 月，习近平总书记来到甘肃省临夏回族自治州东乡族自治县布楞沟村，看望慰问贫困群众，调研指导扶贫开发工作。2013 年，习近平总书记在湖南湘西十八洞村调研时，首次提出精准扶贫。2014 年，进一步提出了精细化管理、精确化配置、精准化扶持等重要思想。2015 年，总书记先后到陕西、贵州调研考察扶贫工作，

196

又提出了"六个精准"。在中央扶贫开发工作会议上，总书记系统阐述了"五个一批"，进一步完善了精准扶贫、精准脱贫的基本方略。自2016年以来，总书记在新年贺词、考察重庆和江西、宁夏、河北、山西等地时，围绕精准扶贫、精准脱贫这个重大问题，作出了一系列深入的阐释，形成了新时期扶贫开发的战略思想，为打赢脱贫攻坚战注入了强大思想动力。

沿着习近平总书记调研扶贫的足迹，理解总书记精准扶贫思想形成的逻辑，使每一个读者领悟贯穿其中的历史担当意识、真挚的为民情怀、务实的思想作风、科学的思想方法。一方面从实践视角，深刻领会总书记扶贫思想的丰富内涵和精神实质；另一方面通过精准扶贫、精准脱贫的鲜活案例，启迪和激励每一个读者探索扶贫开发的规律、创新脱贫攻坚的路径。正是基于这样的认识，本书选编的精准扶贫精准脱贫的案例，绝大多数是习近平总书记视察过的地方。从习近平总书记插队的延安市延川县到总书记党的群众路线教育实践活动的联系点——全国闻名的贫困县兰考县；从总书记调研的东乡族自治县布楞沟村到提出精准扶贫的湘西土家族苗族自治州的十八洞村；从具有红色基因的江西省井冈山到大别山区安徽省金寨县……这些地方的干部和群众因地制宜创造了很多好做法、好措施、好机制，对于各地推进扶贫攻坚，也具有借鉴意义。

借助这本书的出版，我们希望通过介绍精准扶贫的鲜活案例、具体做法、成功经验，为奋战在脱贫攻坚第一线的干部群众提供一个系统学习习近平总书记扶贫思想内涵，交流精准扶贫、精准脱贫工作的信息平台，鼓励大家不辜负总书记的嘱托，撸起袖子加油干，探索精准扶贫新路径、创新精准扶贫新机制，取得扶贫攻坚新成就。

参与本书编写的作者，都是长期从事区域发展、"三农"等问题研究，并承担中央党校县委书记研修班授课的老师，在案例选择上，既展现出总书记扶贫开发思想形成的内在逻辑脉络，又体现案例本身的代表性、创新性及可借鉴性。由于编写时间紧迫、案例加工难度等原因，呈现给读者的该书，还稍显粗糙，还有进一步完善的地方，但本书编纂立意却是作者匠心独具。但愿该书的出版对读者有所裨益。

曹立教授、石霞教授参与大多数案例的收集、选编和撰写点评，王君超老师撰写了福建宁德的扶贫案例、邹一南老师撰写了甘肃陇南电商扶贫案例。本书在案例的收集和编写过程中得到了国务院扶贫办领导的关心和帮助，也得到了人民出版社和相关省市县扶贫办的大力支持，在此深表感谢！

精准扶贫、精准脱贫是政治命题、是实践命题，也是理论命题。反贫困是一个世界命题，反贫困永远在路上，愿以此书的出版为起点，为人类反贫困贡献"中国样板"，贡献"中国智慧"。

编　者

2017 年 7 月 1 日

策　　划：陈百万

责任编辑：孔　欢

装帧设计：林芝玉

图书在版编目（CIP）数据

小康路上一个不能少 / 曹立，石霞 主编．—北京：人民出版社，2017.8

ISBN 978 - 7 - 01 - 017959 - 9

I. ①小⋯　II. ①曹⋯　②石⋯　III. ①扶贫 - 工作经验 - 案例 - 中国

　　IV. ① F124.7

中国版本图书馆 CIP 数据核字（2017）第 168440 号

小康路上一个不能少

XIAOKANG LUSHANG YIGE BUNENGSHAO

曹立　石霞　主编

人民出版社 出版发行

（100706　北京市东城区隆福寺街 99 号）

北京中科印刷有限公司印刷　新华书店经销

2017 年 7 月第 1 版　2018 年 5 月北京第 4 次印刷

开本：710 毫米 × 1000 毫米 1/16　印张：13

字数：156 千字　印数：16,001 - 19,000 册

ISBN 978 - 7 - 01 - 017959 - 9　定价：39.00 元

邮购地址 100706　北京市东城区隆福寺街 99 号

人民东方图书销售中心　电话：（010）65250042　65289539